रक्त कल्याण

[नाटक]

रक्त कल्याण

गिरीश कारनाड

अनुवाद

रामगोपाल बजाज

राधाकृष्ण प्रकाशन

[मूल कन्नड़ नाटक 'तलेदंड' का हिन्दी अनुवाद]

ISBN : 978-81-7119-171-0

रक्त कल्याण

पहला संस्करण : 1994
नौवाँ संस्करण : 2025

मूल्य : ₹495

प्रकाशक
राधाकृष्ण प्रकाशन प्राइवेट लिमिटेड
जी-17, जगतपुरी, दिल्ली-110 051
शाखाएँ : अशोक राजपथ, साइंस कॉलेज के सामने, पटना-800 006
पहली मंजिल, दरबारी बिल्डिंग, महात्मा गांधी मार्ग, प्रयागराज-211 001
1, अनमोल सोराबजी संतुक लेन, धोबी तलाव, मरीन लाइंस, मुम्बई-400 002
वेबसाइट : www.radhakrishnaprakashan.com
ई-मेल : info@radhakrishnaprakashan.com

मुद्रक
विकास कम्प्यूटर एंड प्रिंटर्स
ट्रॉनिका सिटी-201 102

RAKTA KALYAN
Play by Girish Karnad

किसका नाम और किसका चेहरा? किसके घाव और किसका लहू? यह तो मेरा ही शव है...और मैं ही राजा का हत्यारा हूँ!...तो सन्त अलम्मा के स्वप्न-दर्शन की यही अन्तिम कड़ी है...लीला समाप्त हुई...गाजे-बाजे सब बन्द हुए...रोशनियाँ बुझ गईं...राहें सूनी...सारी जगती मौन हुई...ओ संगम नदियों के महादेव! अब गर्भगृह को लीन कर लो अपनी ज्वाला में...हे पिता...हे आलोकमय!...आलोक में आलोक...अनन्त आलोक...

नाटककार का वक्तव्य

सन् 1168 ईसवी से पहले के दो दशकों में कल्याण नगरी में हुई घटनाएँ, कर्नाटक के इतिहास के लिए इस कालखंड में हुए चिन्तक एवं द्रष्टा सन्त बसवण्णा ने कल्याण नगर में कवियों, रहस्यवादियों, दार्शनिकों, कार्मिकों को एक सूत्र में ऐसे पिरो लिया, जैसा कभी कहीं एक स्थान पर न तो पहले हो पाया था और न ही इसके बाद कभी हुआ। उन्होंने देवता और आदमी सभी कुछ के बारे में संस्कृत छोड़ सामान्य लोगों की भाषा में बातचीत की। मूर्तिपूजा या मन्दिर-निर्माण का बहिष्कार किया। जो भी कुछ स्थावर था, जड़ था उसे छोड़कर मानव जीवन को ही केन्द्र माना। जो भी कुछ गतिवान (जंगम) था, उसी को महत्त्व दिया। उन्होंने कठिन परिश्रम और समर्पित भाव से कार्य (कायक) के सिद्धान्त को स्थापित किया। स्त्री-पुरुष की समानता पर बल दिया। जातिप्रथा का विरोध किया। केवल सिद्धान्त में नहीं—व्यवहार में। इससे परम्परावादियों का भयानक आक्रोश उन पर बरसा और शरणा आन्दोलन आतंक और रक्तपात में डूब गया। कल्याण नगरी 'रक्त कल्याण' हो गई।

इस नाटक में होनेवाली घटनाओं को बीते आठ सौ से भी ज्यादा साल हो चुके हैं, फिर भी हमारी स्मृति इन घटनाओं से अब तक आतंकित है। वह युग प्रतिभा, उत्साह, मौलिक प्रश्नों के साहस, विजय और दुख से भरा हुआ है। जैसे जीभ दुखते हुए दाँत की तरफ बार-बार पलटती है, वैसे ही कन्नड़ भाषा के लेखक, कवि, चिन्तक बार-बार उस युग की ओर पलटते हैं और

बार-बार इस सबकी सार्थकता को अपने युग-प्रसंग में समझने की कोशिश करते हैं।

'तलेदंड' शीर्षक से मैंने यह नाटक कन्नड़ में सन् 1989 में लिखा था, जब मंडल और मन्दिर का प्रश्न ज्वलन्त था। यह स्पष्ट हो रहा था कि शरणाओं द्वारा उठाए गए प्रश्न हमारे समय के लिए कितने सटीक हैं। कल्याण में होनेवाली घटनाओं की भयानकता से साबित होता है कि ऐसे प्रश्नों के जवाब टालना कितना खतरनाक है।

मैं श्री रामगोपाल बजाज का आभारी हूँ, जिन्होंने संवेदनशीलता और सावधानी से मूल नाटक की आत्मा और उसके बारीक भेदों को अपने अनुवाद में उकेरा है। मैं राष्ट्रीय नाट्य विद्यालय रंगमंडल का भी हृदय से आभारी हूँ, इसे हिन्दी में प्रस्तुत करने के लिए और श्री इब्राहिम अल्काज़ी का भी, उनके सुयोग्य निर्देशन के लिए।

बंगलूर

—गिरीश कारनाड

अनुवादक की ओर से

मैं कन्नड़ नहीं जानता, फिर भी यह अनुवाद ठीक वैसे ही जैसे हमारे यहाँ बहुत सारे अनुवाद रूसी, जर्मन, स्पेनिश, चेक आदि भाषाओं के अंग्रेजी अनुवाद के आधार पर किए जाते हैं, मैंने भी यह अनुवाद अंग्रेजी से ही किया है। हाँ, अंग्रेजी अनुवाद पर मेरा भरोसा इस प्रसंग में अधिक होने का कारण है कि यह अंग्रेजी अनुवाद स्वयं नाटककार गिरीश कार्नाड ने किया। लेखक के साथ चर्चा के दौरान एवं कन्नड़ के कुछ अंश सुनकर स्पष्ट था कि पात्रों के वर्ण-वर्ग भेद को संवाद की भाषा में भी निभाया गया था। चूँकि परिवेश एक खास समय और सांस्कृतिक क्षेत्र का है, नाम, सम्बोधन आदि उसका ठीक-ठीक परिवर्तन हिन्दी में पात्रों का परिवेश बदले बगैर करना असंगत होता। सांस्कृतिक परिवेश वही का वही रखते हुए भी संवादों की भाषा द्वारा पात्रों के पारस्परिक संस्कारों का भेद दिखाने की कोशिश मैंने बोली बदलकर नहीं की, बल्कि शब्द-संस्कार एवं वाक्य-रचना की लय में परिवर्तन के द्वारा करने की कोशिश की है। संस्कृत तत्सम शब्दों, ग्राम्य देशज एवं उर्दू शब्दों का बदलता हुआ अनुपात जान-बूझकर रखा है। हिन्दी में 'आप', 'तुम' और 'तू' का भेद जिस तरह का है, वह शरणा सम्प्रदाय के पात्रों के साथ ठीक उसी रूप में मेल नहीं खाता। अत: 'तुम' और 'आप' का मिला-जुला सम्बोधन उस भेद के महत्त्व को कम करने के लिए किया गया है। लोक-भाषा, सामन्ती भाषा, पंडित-वचन सभी को हिन्दी-संरचना-भेद के द्वारा ही करना संगत लगा। सन्त कवि बसवण्णा

की उक्तियाँ गद्य से पद्य की ओर बदलती हैं और फिर भी अलंकार-परिपाटी को तोड़ना बसवण्णा की मूल प्रकृति है, अतः हिन्दी-काव्य के रीति छन्दों से भी बचने की कोशिश रही है।

पूर्वाभ्यास के क्रम में सहकर्मियों के योग ने भी भाषा को जहाँ-तहाँ प्रभावित किया है, जो उन सभी का श्रेय है।

नाटक का शीर्षक कन्नड़ में तलेदंड है जिसका शाब्दिक अर्थ होता है—शिरश्छेद का दंड। अतएव हिन्दी अथवा हिन्दुस्तानी में 'सर क़लम' शीर्षक का सबसे सटीक भाषान्तर होता, किन्तु कुछ पाठों के बाद निर्देशक, लेखक और मेरे बीच चर्चा पर यह तय हुआ कि यह शीर्षक नाटक के मूल बिम्ब के बहुत अनुरूप नहीं है, अतः लेखक के सुझाव एवं सम्मति के साथ तथा निर्देशक से चर्चा के आधार पर 'रक्त कल्याण' नामकरण पर सहमति हुई। अतः इस नाटक का हिन्दी नाम है—रक्त कल्याण।

राष्ट्रीय नाट्य विद्यालय रंगमंडल की प्रस्तुति के बाद फिर से लेखक के साथ पूरे अनुवाद का पाठ किया गया और कतिपय सुधार किए गए। दूसरे अंक के पाँचवें दृश्य को लेखक ने फिर से लिखा। इस प्रकार 'रक्त कल्याण' अपने परिमार्जित रूप में हिन्दी में प्रकाशित हो रहा है—मुझे इसका सन्तोष है।

—रामगोपाल बजाज

पात्र
(प्रवेशानुसार)

साँभशिव शास्त्री : ब्राह्मण, जगदेव के पिता
अम्बा : जगदेव की माता
भागीरथी : ब्राह्मण औरत
सावित्री : जगदेव की पत्नी
जगदेव : शरणा, जन्म से ब्राह्मण
मल्लीबोम्म : शरणा, जन्म से चमार
सोविदेव : बिज्जल का पुत्र
रम्भावती : बिज्जल की पत्नी
दामोदर भट्ट : रानी का पुरोहित
कलप्पा : बिज्जल का अंगरक्षक
बिज्जल : कल्याण का राजा
बसवण्णा : राजा का भंडारी, सन्त कवि, सुधारक
मनचण्ण क्रमित : ब्राह्मण, राजा का सलाहकार
गुंडण्णा : शरणा
कल्लय्या : शरणा
गुदय्या : एक वृद्धा
कक्कय्या : शरणा, जन्म से डोम
गंगाम्बिका : बसवण्णा की पत्नी
हरलय्या : शरणा, जन्म से चमार
कल्याणी : हरलय्या की पत्नी
शीतवन्त : हरलय्या का पुत्र
मधुबरस : शरणा, जन्म से ब्राह्मण

ललिताम्बा : मधुबरस की पत्नी
कलावती : मधुबरस की पुत्री
इन्द्राणी : गणिका
मरियप्पा : बाल नौकर
रंगव्वा : एक स्त्री
बंकण्णा : बाल नौकर
ईरव्वा : रानी की सहचरी
राचप्पा : महल का रखवाला
गुलव्वा : एक स्त्री

ब्राह्मण, महल के नौकर, भीड़ आदिवासी, शरणा, इन्द्राणी की सेविकाएँ, सैनिक और दूत।

['रक्त कल्याण' का प्रथम मंचन 2 जनवरी, 1992 को श्री इब्राहिम अल्काज़ी के निर्देशन में राष्ट्रीय नाट्य विद्यालय रंगमंडल द्वारा कमानी सभागार, नई दिल्ली में हुआ।]

अंक : एक

दृश्य : एक

[कल्याण नगर का ब्राह्मण मुहल्ला। साँभशिव शास्त्री का घर। एक कमरे में शास्त्री बीमार पड़े हुए हैं—कराहते हैं। उनकी बगल में हैं उनकी पत्नी अम्बा और पड़ोसिन भागीरथी।]

शास्त्री : *(एकाएक पुकारता हुआ)* जगवा, रे जगवा, इधर आ रे बेटा...है कहाँ? आऽऽना रे, जल्दी आऽऽ...।

अम्बा : बस भी करो अब। गले का बाँस बना लिया चीख-चीखकर! है उसे परवाह, जो तुम्हीं हलकान हुए जा रहे हो—पिरा रहे हो!

शास्त्री : उसको यहाँ लाओ—अबहीं! बोलो, उसकी बड़ी जरूरत है—उसके बिना मन घबराता है रे...जगदेवा!

भागीरथी : अम्बा दी, किसी को भेज न दीजिए...बेचारे...बेटा के लिए इनका ऐसे छटपटाना देखा नहीं जाता है।

अम्बा : वो मिलेगा कहाँ उनको? गोविन्दा बोलता है, भंडारे के चारों ओर लोग ही लोग जमा हैं...पन्द्रह-बीस हजार...कहता है, बिटुआ तक पहुँचना तो असम्भव-इ जानो! और फिर जगुआ को बखत कहाँ है, इनके वास्ते...राजा के भंडारघर में फँसा है—जरा भी फिकर होती उसे हमारी, एक बार झाँकता तो सही आ के!

शास्त्री : है क्या? आया क्यों नहीं? जगुआ...जगुआ!

अम्बा : *(पल्लू से अपने आँसू पोंछती है)* पैदा जो किए हैं उसको, पूरा नरक तो भुगतवाएगा ही।

भागीरथी : युवराज गुस्सा होंगे, इसका भी तो डर होना चाहिए कि नहीं! वे डाकुओं के वंशज हैं—कुछ भी हो सकता है।

शास्त्री : वह पास न रहे तो बहुत डर लगता है।

अम्बा : वो देख चुका है—उसके बाप के साथ जो हुआ। राजा के सामने एक भी शब्द इधर-उधर हुआ कि हमारा घर-संसार सब चकनाचूर!

शास्त्री : *(गुस्से से)* मैं चीख रहा हूँ, माथा फोड़ रहा हूँ और तुम खड़ी हो इधर हाथ बाँधे! जाओ लेके आओ उसको! अभ्भी! जाओ...जगुआऽऽ!

[उठने की कोशिश करता है। सहसा खाँसी का दौरा आता है। पीछे की तरफ पड़ रहता है, हाँफता हुआ।]

अम्बा : सावित्री!... सावित्री!

भागीरथी : *(रसोई के दरवाजे की ओर भागती हुई)* सावित्री! ...हो गया क्या? दवा—जल्दी...

[जगदेव की पन्द्रह वर्षीया पत्नी सावित्री, जो रसोई में दवा घोट रही थी, तेजी से दवा लिये आती है। अम्बा शास्त्री के हलक में दवा उँड़ेलती जाती है। वे शान्त होते हैं।]

: उस बसवण्णा को कुछ तो समझ होनी चाहिए। कल्याण में किसी का घर देख लो—सब जगह एक ही राम-कहानी है—समझी बहना—हऽऽ बाप-बेटा आमने-सामने, भाई-भाई आमने-सामने, जा रे जमाना!

अम्बा : अब बसवण्णा को दोष देने से क्या होगा भागीरथी, जो लिखा है सो तो भुगतना होगा कि नहीं।

[जगदेव और मल्लीबौम्म घर के बाहर की गली में पहुँचते हैं। दोनों उन्नीस-एक बरस के हैं। दोनों बड़े जोश में हैं।]

जगदेव : अब चल अन्दर!

मल्ली : घर के अन्दर? पगला गए हो क्या? हमको तो बाम्हन मोहल्ले में नहीं आना चाहिए।

जगदेव : अरे छोड़! चल दिखाते हैं उनको।

मल्ली : तू जा—मुझे भी घर जाना है।

जगदेव : ना-ना, यह नहीं चलेगा—आना ही पड़ेगा...चल।

[उसकी बाँह पकड़कर खींचता है।]

भागीरथी : *(उठती है)* जगुआ है...लगता है बखत हो गया! चलती हूँ।

[बाहर जाती है। सावित्री दरवाजे पर आती है। उत्सुकता से देखती है।]

जगदेव : देखो, तमाशा नहीं...चलो अन्दर...!

मल्ली : नहीं, जगुआ...नहीं...मानो—बात सुनो।

भागीरथी : *(दरवाजे पर आती है)* हद है जगुआ!...बिचारे बाबूजी वहाँ अन्दर तुम्हारा नाम ले-लेकर हलकान हो गए और तुम खड़े हो इधर ठिठोली-दिल्लगी करने।

जगदेव : आपको उससे मतलब? बड़ी आई है! अपने घरवाले की सँभाल रखो। जानती हो कि नहीं कि वो...

भागीरथी : *(मल्ली से)* ऐ लड़के, तू कौन है?

जगदेव : मेरा दोस्त है—मल्ली बौम्म!

भागीरथी : ये वैदिक ब्राह्मणों का घर है। कम से कम घर में आने-जानेवाली स्त्रियों के लिए रास्ता छोड़कर किनारे तो

खड़े हो!...अब चौखट पर खड़े हो जाओगे यम के दूत बनकर...हम क्या करेंगे?

जगदेव : यह मेरा घर है, और ये मेरा मित्र है। जहाँ चाहेगा वहीं खड़ा होगा। तुम्हें अच्छा नहीं लगता तो तुम मत आया करो!

भागीरथी : सच कहूँ, आना तो नहीं चाहिए। लेकिन तुम्हारी मैया अकेली है...फिकर है, सो आते हैं। अरे, कमाल है...अपनी पत्नी को मायके क्यों भेज दिया? माँ-बाप को सताने...और आप चल दिए अपने शरणा दोस्तों के पास!

अम्बा : *(बाहर आकर)* जगुआ, भीतर चलो बेटा! उधर कहाँ खड़े हो परायों के जैसे!

जगदेव : माँ, मल्ली को बुलाओ। वह आएगा तो मैं आऊँगा।

मल्ली : नहीं, नहीं, मैं जाता हूँ।

अम्बा : आ जाओ मल्ली, बिलकुल अन्दर आ जाओ।

मल्ली : *(संकोच से)* लेकिन मालकिन, आप जानती हैं, मैं मोची का बेटा हूँ।

अम्बा : ये कहता है, ये भी नहीं आएगा, जो तू नहीं आएगा।... इसलिए आ ही जाओ। मैं बाद में शुद्धि करा लूँगी घर की। कृपा करो, तुम्हारे हाथ जोड़ती हूँ मैं।

मल्ली : अरे बाप रे!...नहीं मालकिन, ऐसा नहीं।

अम्बा : तो फिर अन्दर आओ!

[पड़ोसी घरों के दरवाजों पर झाँकनेवालों की भीड़ लग जाती है।]

जगदेव : इनको देखो...यहाँ क्या कोई काला जादू हो रहा है! *(जोर से)* सुन रहे हो तुम सब कान खोल के—ठीक—ये है...मल्लीबौम्म—करिया मोची का बेटा...और अब यह मेरे घर के भीतर प्रवेश कर रहा है। कर लो अपनी-अपनी आँखें ठंडी! चल रे मल्ली, भीतर चल।

[तीनों घर के अन्दर जाते हैं। मल्ली संकोच से मरा जा रहा है। जगदेव सावित्री को देखता है।]

जगदेव : तुम वापस आ गईं? मैंने कहा था मैं भेजूँगा किसी को।

अम्बा : मैंने बुला भेजा था। मेरा कोई हाथ बँटानेवाला नहीं यहाँ। और तुम उड़न-छू हो लिये शरणों के पीछे। अब पड़ोसियों को कितना कोंचूँ? मैं बहुत...

जगदेव : माँ, मुझे जाना ही था। तुम्हें क्या पता, मैं न जाता तो कितना गजब हो जाता? जैसे ही मुझे पता चला कि राजभंडार को खोला जा रहा है...मैं समझ गया—है कुछ दाल में काला! राजा बाहर है—बसवण्णा बाहर हैं। दोनों में से एक भी न हो तो ताले को हाथ तक नहीं लगाया जा सकता—यह नियम है। युवराज सोविदेव को यही बखत क्यों सूझा? षड्यंत्र है पक्का!

अम्बा : *(चटाई बिछाती हुई)* बैठो मल्ली, *(जगदेव से)* तुम्हें ये तो याद है कि नहीं—तुम्हारा एक बाप भी है—हड्डी-पसली तक थका-माँदा है वो।

जगदेव : *(शयनकक्ष के अन्दर ताकता है)* सो गए! अच्छा है! *(बाहर आकर)* मैं... घर-घर गया—शरणों को चेताने के लिए। मैंने गला फाड़ लिया अपना चीख-चीखकर कि कहीं कुछ काला हो रहा है...उठो...लेकिन पहले-पहल कहीं कोई डोला नहीं।

अम्बा : राजा का भंडारी कौन है? बसवण्णा है ना? वो नहीं देख-भाल सकता अपना काम?

जगदेव : लेकिन वह यहाँ हैं ही नहीं—सुना नहीं तुमने? बनूड़ गए हुए हैं। अछूतों को दीक्षा देने, हम लोगों की ओर करने।

मल्ली : माँ जी, मुश्किल क्या है कि एक बार बसवण्णा ऐसी कौनो बात में लग जाए तो और कौनो काम के लिए बखत ही कहाँ है उसे! हम लोग आदमी भी भेजते उसको बुलाने तो वो ध्यान थोड़े देता! जगदेवा ने

अभी सँभाला ना होता तो जाने क्या से क्या हो गया होता!

जगदेव : और सुनो! शरणों को समझाने में थोड़ा समय तो लगा, लेकिन आखिर में जब वो उठे तो बस देखनेवाली बात थी। पाँच हजार...घेर लिया भंडारघर को पूरा।

मल्ली : ज्यादा-ज्यादा, क्या बात करते हो...कम से कम दस हज्जार!

जगदेव : अरे वो बाद की बात है—जब दूसरी टुकड़ी आई।

मल्ली : अम्मा जी, आपको देखना चाहिए था—कैसे आपका बेटा पन्द्रह हजार औरतों-मर्दों की अगुवाई कर रहा था—चार दिन, चार रात!

अम्बा : बहुत उपकार किया है! इत्ती बड़ी कीर्ति-पताका छोड़कर आया है हमारे लिए!

जगदेव : माँ मानो भी, मैं जल्दी आता, लेकिन बसवण्णा अभी तो आए—सवेरे। आधा घंटा पहले सँभाला है उन्होंने। वो शहर में आए तो सीधा भंडारघर ही पहुँचे। अपनी चौखट तक नहीं गए। और जानती हो—सबसे पहले वो क्या बोले? मुझसे बोले—'मैंने सुना है तुम्हारे पिताजी बीमार हैं। तुम घर जाओ।' ...और मैं आ गया। सोचो, उस घमासान में इसके बारे में सोचना... *(मल्ली से)* तभी तो लोग उन्हें नन्दी का अवतार मानते हैं...इसमें अचरज क्या है?

[शास्त्रीजी की कराह सुनाई देती है। जगदेव अन्दर जाता है।]

मल्ली : जगदेवा, अपने बाबूजी का सिर गोदी में ले लो। माथे को सहलाओ जरा। उनको आराम मिलेगा। *(जगदेव ऐसा ही करता है। फिर अटपटाकर अम्बा से)* हम नहीं जानते थे इनके पिताजी इतना बीमार हैं। जरूर हम लोग थोड़ा पहले ही भेज देते!

शास्त्री : इसे नीचे रखो—धरती पर।

अम्बा : जग गए। *(अन्दर जाती है)*

शास्त्री : सिर पर हाथ धरे समय क्यों नष्ट कर रहे हो? इसे धरती पर उतारो!...

जगदेव : मैं आ गया पिताजी, मैं फिर नहीं जाऊँगा। घबराइए नहीं।

शास्त्री : इसे घाट से उतारो। धरती पर रखो। जल्दी-जल्दी उठाओ इसे—इसे ऐसे छोड़ो मत!...

जगदेव : क्या उठाएँ पिताजी? किसको?

शास्त्री : मुझे!

जगदेव : क्या व्यर्थ की बात है!

शास्त्री : यह यहाँ पड़ा है। इसे धरती पर उतारो। और इसके पाँव मोड़ दो... जगुआ...जगुआ कहाँ है? उससे कहो, बाँस लाए—रस्सी लाए!

जगदेव : मैं यहीं हूँ।

शास्त्री : नहीं, तुम नहीं—मेरा बेटा...बहुत काम बाकी है—तुम्हारी माँ—उसका सिर मुँड़ाना होगा।

अम्बा : मुझसे नहीं सहा जाता ये सब। मैंने...पिछले जन्म में क्या पाप किए थे जो ये भुगत रहे हैं!

[रोती हुई बाहर भागती है। मल्ली स्थिति की गम्भीरता को देखते हुए चुपचाप निकल जाता है। सावित्री दरवाजे पर खड़ी रोते हुए जगदेव को देखती है।]

शास्त्री : जगुआ...

जगदेव : पिताजी!

शास्त्री : तू नहीं, मेरा बेटा। उसे मेरी चिता जलाने के लिए वहाँ रहना है।... उससे कहो, लाश में दुर्गन्ध भरने लगी है,... उसे बुलाओ...जगुआ...आ...शरीर को उठा...!

दृश्य : दो

[दस दिन बीत चुके हैं। बिज्जल का महल, रानी रम्भावती का अन्तःपुर। रानी अस्वस्थ लग रही है। दीवान पर बैठी है, ज्यादातर दीवार का सहारा लिये हुए। सोविदेव उसका बेटा है, उम्र लगभग बीस साल। चहलकदमी कर रहा है। पुरोहित दामोदर भट्ट, आयु लगभग पैंतीस, पास के पूजागृह में पूजा कर रहा है, जहाँ विशालकाय शिवलिंग की प्रतिमा स्थापित है राजमहल के अनुरूप।]

सोविदेव : *(चीखता हुआ)* जिन्दा गाड़ दूँगा उन्हें, बोटी–बोटी काटकर अपने कुत्तों को खिला दूँगा।

रम्भावती : शान्ति करो बेटा! उन शरणों से क्यों उलझना चाहते हो? तुम्हारे पिता जान गए, तो बड़ी...

सोविदेव : उन्होंने ही तो सिर चढ़ाया है इन दासपुत्रों को। उन्हीं के कारण उनका साहस बढ़ गया है। मैं युवराज हूँ कलचुरिया राज्य का, और वे मेरी हँसी उड़ाते हैं! सारे नगर के सामने मेरे मुँह पर कालिख पोत दी उन्होंने! सोचो जरा...!

[दामोदर भट्ट महादेव की आरती कर रहा है। माँ और बेटे उठकर नमस्कार करते हैं, पुरोहित आरती लेकर आते हैं, दोनों को आरती देते हैं। वे दीपक की लौ को हाथ से घेरते हुए आरती लेते हैं और थाल में एक मुद्रा डाल देते हैं।]

रम्भा : बैठो यहाँ!

सोविदेव : नहीं, मैं नहीं बैठूँगा।

रम्भा : मानो भी। *(अपने पास बैठा लेती है)* अब इन शरणों

को छोड़ो अपनी जगह। तुम्हारे पिताजी जैसा करते हैं, करने दो उन्हें!

सोविदेव : यह न बताएँ कि मुझे क्या करना है। बहुत हो गया, हर तरफ से मुझे ही सुनना होता है। मुझे नहीं चाहिए। मेरे कान पक चुके हैं।

रम्भा : *(थकी हुई)* करो मनमानी! लेकिन कृपा कर अपने पिता को मत कुरेदो। उनका क्रोध मुझ पर उतरता है। मेरे सहने की भी सीमा है।

सोविदेव : बसवण्णा हमारे साथ ठगी करता रहा है। पंजीकार के पास पूरे प्रमाण हैं। बसवण्णा ने एक लाख तीस हजार से ज्यादा मुद्राएँ खजाने से इधर-उधर की हैं, और फिर भी वह राजा का भंडारी बना हुआ है! मेरे पिता पूरी तरह उसके चंगुल में हैं। और तुम? तुम भी तो...

रम्भा : मैं क्या करूँ? क्या चाहते हो? तुम समझते हो, तुम्हारे पिता मेरी सुनेंगे!

सोविदेव : सुनना चाहिए। क्यों नहीं? तुम्हारे ध्यान देने की बात है बस! तुम्हारे सौतेले बेटों को अट्ठारह की उम्र में वह सब मिल गया, जो उनका मन चाहा! उन दोगलों को तो पूरा मान-सम्मान, और मुझे? मैं महाराजा बिजल्ला की चहेती रानी का बेटा हूँ, मेरी नसों में कलचुरी और होइसला वंश का खून दौड़ रहा है फिर भी मेरे हाथ क्या आया—घंटा?

रम्भा : ऐसा मत कहो पुत्र, तेरे सिवा मेरा कौन है!

दामोदर : *(पूजाघर से निकलते हुए)* क्षमा करना देवि, कम से कम पन्द्रह हजार लोगों की भीड़! आप देखतीं तो पता चलता! उस भीड़ में कितना अनुशासन था, आत्मसंयम था! उमंग थी, लेकिन कोलाहल नहीं था। पूरे चार दिनों तक वे भंडारघर को घेरे रहे। जब बसवण्णा खुद आए तब कहीं वे लोग अपने घर लौटे। बसवण्णा के कहने पर! उनके प्रभाव से चिन्ता होती है। मैं सोचता

हूँ, क्या वे लोग महाराज के लिए भी इतनी भक्ति दिखा सकते हैं?

रम्भा : *(आशंका से)* देखो, मेरे विचार से...बसवण्णा उद्दंड तो हो सकते हैं लेकिन महाराज से वो विमुख भी हो सकते हैं, मैं नहीं सोच सकती।

सोविदेव : *(चीखकर)* मैं ही हुआ खलनायक! उलटा मैं ही बिछ जाऊँ उसके सामने!

दामोदर : जिस गति से समाचार फैला, सबसे सोच की बात तो यही है। निश्चित बात है, हमारे राजदरबार में गुप्तचरों का जाल बिछा है। नहीं क्या? युवराज ने मुद्रा–भंडार के द्वार खोले, और घड़ी बीतते न बीतते शरणों की पूरी सेना आ खड़ी हुई! बाढ़ की बाढ़!

रम्भा : बेटे! इतने जतन किए हैं तुमने। बसवण्णा के खिलाफ कुछ तो प्रमाण जुटे होंगे!

दामोदर : देवि, मैंने युवराज को पहले ही सावधान किया था। बसवण्णा को उथले पानी नहीं डुबाया जा सकता। मान लिया कि हम अपने आरोप प्रमाणित भी कर दें, तो भी क्या? उसके और बड़े अपराध अँधेरे में छिपे रह जाएँगे। बड़े हाथी को पकड़ना है, तो गड्ढा और बड़ा खोदना पड़ेगा कि वह उसमें पूरा समा जाए! अपने दाँतों समेत!

[कलप्पा का प्रवेश]

कलप्पा : रानी माँ को पायलागी! स्वामी आ गए हैं।

रम्भा : *(उठती है, हड़बड़ाकर)* आ भी गए? पहले सूचना क्यों नहीं भेजी? *(पुकारती है)* ईरावा...ईरव्वा को बुलाओ, भगवान के वास्ते। उसे बोलो, आरती का थाल तैयार करे...शीघ्र...!

कलप्पा : रानी माँ, महाराज यह सब कुछ नहीं चाहेंगे। वह तो पहले ही ऊपर आ रहे हैं।

रम्भा : ईरव्वा...ईरव्वा...*(दामोदर से)* आप जाइए! आप जानते हैं कि उन्हें यह अच्छा नहीं लगता कि...

[दामोदर भट्ट मुस्कराता हुआ जाता है। सोविदेव भी उसके पीछे जाना चाहता है। कलप्पा उसे रोक लेता है।]

कलप्पा : छोटे राजा को यहीं रुकने के लिए कहा है।

सोविदेव : किस गुप्तचर के बच्चे ने उन्हें बताया कि मैं यहाँ हूँ? मुझे जाना ही है। *(रम्भा से)* मेरी ओर से तुम ही कुछ बहाना कर देना। (जाना चाहता है, लेकिन कलप्पा उसके रास्ते में खड़ा हो जाता है, शान्त लेकिन दृढ़)

: *(अपनी माँ से)* देख रही हैं, मेरे साथ अपने ही घर में क्या हो रहा है! जैसे मैं कोई दन्तहीन कुतिया हूँ।

बिज्जल : *(बाहर से गरजते हुए)* कहाँ है वह भोसड़ी का!

[दामोदर एक ओर सिकुड़ जाते हैं।]

रम्भा : बेटा, तू इधर आकर बैठ। चुप रहना, वो कुछ भी बोलें।

बिज्जल : *(प्रवेश करते हुए)* कहाँ दुबककर बैठा है?

रम्भा : यह क्या! बिना आरती के आप ऐसे अन्दर चले आए! लाल जल का छिड़काव भी नहीं किया, नजर भी नहीं उतारी। रुकिए अभी... ईरव्वा...

बिज्जल : मर गए ईरव्वा-परव्वा...अपना वह कुल-कलंक किधर है *(सोविदेव पर नजर पड़ती है)* बाहर आ, बाहर आ...निकल बाहर...औरतों की उसमें छिपता है, शर्म नहीं आती!

[सोविदेव बाहर आता है।]

: मेरे पीछे से क्या कुचक्र रचाया था? खजाने के ताले को हाथ कैसे लगाया, किससे पूछकर?

[उसे मारने लगता है। सोविदेव चुपचाप मार खाता है।]

रम्भा : दया करो, छोड़ दो, मारो नहीं। कसम है आपको हमारे मंगलसूत्र की। अपने कुलदेवता के नाम आप से गुहार करती हूँ। अब यह बड़ा हो गया है। इस तरह अपमानित मत करो इसे। *(सोविदेव से)*...जा अब...चला जा यहाँ से...

बिज्जल : *(व्यंग्य से)* माँ के घर से जाएगा, खाली हाथ!... ईरव्वा...एक साड़ी और चोली लाओ हमारे राजकुमार के लिए! जल्दी करो...!

रम्भा : बन्द भी करो...कम से कम मेरा लिहाज करो, या फिर मार डालो मुझे। छुट्टी करो मेरी! ...जो मन में आए करना उसके साथ। यह नहीं सहा जाता मुझसे, पाँव पड़ती हूँ तुम्हारे।

[रानी महाराज बिज्जल के पाँवों में गिरती है। बिज्जल विमूढ़ बेबस हो जाता है।]

बिज्जल : रम्भा...रम्भा...यह सब तुम्हारी करनी है, तुम्हारे ही लाड़-प्यार ने इसे खराब किया। मैं ही मूरख था, तुम्हारे आँसुओं में भटक जाता था। पीठ की चमड़ी उधेड़ देनी थी उसकी। ठीक हो जाता अपने भाइयों की तरह। बाँसों के गट्ठर की तरह बाँधकर डुबो देता नदी में, सीधा हो जाता अब तक, बाँस की तरह...। लेकिन तुम जो बीच में पड़ जाती हो, टसुवे बहाती। तुम्हारा रोना, रींकना...।

रम्भा : तुम तो उसे ऐसे कोसते हो कि कोई अपने बैरियों को भी न कोसे...क्यों...मेरे बेटे ने क्या किया है जो इतना बैर बाँधे हो?

बिज्जल : क्या नहीं किया उसने? उसकी वीरगाथा कानों में नहीं

पड़ी तुम्हारे! बसवण्णा बाहर था तो खजाने को छूना भी नहीं चाहिए था। लेकिन उसने ऐसा किया। इतना ही नहीं, जब बसवण्णा वहाँ पहुँचे तो ये वहाँ से भाग लिए...पन्द्रह हजार लोगों ने इसका रास्ता रोक लिया। तमाशा देखा, हँसे, बसवण्णा इसका हाथ पकड़कर खजाने तक ले गए और दरवाजा बन्द किया। मैं अपनी यात्रा से थका हुआ लौटा तो मुख्य द्वार पर यही समाचार थे मेरे स्वागत में—'बसवण्णा और युवराज ग्यारह दिनों से भंडारे में बन्द हैं। हिसाब जाँच रहे हैं, अभी-अभी पूरा हुआ है।' सचमुच हिसाब जाँच रहे हैं। एक भी कानी-कौड़ी कम हुई भंडारे से? या कोई बेनामी, जाली सिक्का मिला है भंडारे में? (कोई उत्तर नहीं) बसवण्णा का हिसाब भगवान ब्रह्मा की तरह अटल है। एक अंक नहीं हिला सकते उसका...इसलिए मैंने उसे राज्य का भंडारी बनाया। सुन रहे हो...सुन रहे हो तुम...बोलते क्यों नहीं? अपने गलत अंग उठा-उठाकर गलत काम कर सकता है, लेकिन जीभ उठाकर बोल नहीं सकता!

रम्भा : बस भी करो! कैसी भाषा बोलते हो?

बिज्जल : देखो देवि! यह तुम्हारे मायकेवालों का घर नहीं है। तुम्हारे होइसला परिवार के नेम-धेम नहीं चलेंगे यहाँ। मैं कलचुरी खानदान का हूँ। मैं जरा सख्त बनाया गया हूँ। मैंने अपने बेटे से एक सवाल किया है...मैं उसका जवाब चाहता हूँ। उसको मुझे जवाब देना होगा, तुम बीच में मत पड़ो!

रम्भा : बेटा!... इस बेटे के लिए तुमने किया क्या है? कहने के लिए बेटा! उम्र हो गई उसकी, रजवाड़े का कोई टुकड़ा भी दिया है उसको...बेटा...!

बिज्जल : राज दे दूँ? इस छछूँदर को? और...राज की प्रजा का क्या होगा? कुएँ में डाल दूँ उसको? मैं इसके लिए इतनी अच्छी बहू लेकर आया, यदि इसने बहू को ठीक

से रखा होता, तो इसका ससुर दे देता इसको आधा संसार। उसे तो यह रख नहीं सका, और अब बनना चाहता है राजा! जरा ठहर कलप्पा!

[कलप्पा पास आता है।]

: मेरी पत्नी कहती है कि हमारा यह बेटा राजा बनेगा! अब राजा बनने के लिए कौन-सी कला सीखनी पड़ती है? सबसे पहले लोगों को लतियाओगे कैसे..इसलिए तो कहते हैं कि इस जन्म में राजा तब होगे जब पिछले जन्म में गधे रहे हो! पता है न तुम्हें...नहीं पता...अच्छी बात है। ...तो अब हमारे यह पुत्र-रत्न तुम्हें लात मारेंगे और तुम्हें लात नहीं खानी...बचाओ। अगर उसकी लात तुम्हें लग गई तो मैं तुम्हें काट डालूँगा...सावधान...तो... प्यारे युवराज...अब़ चला लात!

[सोविदेव कलप्पा को लात मारने की कोशिश करता है। कलप्पा बचा जाता है। सोविदेव बार-बार कोशिश करता है—विफल।]

: तेज बेटा, और तेज...। मार लात...अब ऐसे टाँग उठाए क्यों खड़ा है...जैसे कुत्ता मूते...चल लगा...वैसे नहीं... ऐसे...घुटना मोड़ यहाँ से *(रम्भा से)* कसरत का पहला सबक यही है...और इसको यह भी नहीं आता।

[अनियंत्रित बिज्जल भी बेसब्री से लतियाने में शामिल हो जाता है।]

: अब मेरी बारी है कलप्पा...। अगर मेरी एक भी लात लग गई तो तेरा सिर नहीं बचेगा। *(निशाना साधकर लात मारता है। कलप्पा बचने की कोशिश करता है, लेकिन लात उसके चूतड़ों पर लगती है। वह जमीन पर गिरता है। बिज्जल सोविदेव की ओर मुड़ता है)* अब

तेरी बारी है...तैयार...*(सोविदेव की लात पड़ती है, वो दीवार से टकराता है)* कलप्पा, तुम्हें दो स्वर्ण मुद्राएँ मिलेंगी, खजांची को बता दो, वह तुम्हें दे देगा। तुम हार गए, इसमें तुम्हारी कोई गलती नहीं। बिज्जल अभी ढीला नहीं हुआ है। ...क्यों...

[कलप्पा झुकता है मुस्कराता हुआ, अपना पिछवाड़ा झाड़ते हुए जाता है।]

: हरामी...बहुत चालाक है...लोमड़ी...साला...क्या पता मेरा उल्लू बना गया हो!

[रम्भावती ने अब तक का यह व्यापार नहीं देखा, वह अपनी आँखें खोलती है। सोविदेव को बाहर भेज देती है। रोती हुई बिस्तर पर गिरती है। बिज्जल थका-हारा उसके पास आकर बैठ जाता है।]

: कितनी स्त्रियाँ आईं और कितनी गईं! कोई काबू नहीं कर पाई मुझे। और फिर आईं...तुम। दुनिया जानती है, फिर कोई और नहीं आई...। और फिर तुम्हारी कोख से पैदा हुआ यह छछूँदर।

[बाहर शोरगुल होता है।]

: कलप्पा...यह शोर कैसा है?

कलप्पा : *(प्रवेश करते हुए)* बसवण्णा आए हैं। आपके दर्शन चाहते हैं महाराज!

बिज्जल : आ गए। मैं जानता था...भीतर के कक्ष में बैठाओ उन्हें...आम सभा में नहीं...ध्यान रहे। क्या पता वह कब क्या बोल जाएँ?

[कलप्पा का प्रस्थान।]

रम्भावती : उस बसवण्णा के प्रति तुम्हारे आकर्षण की मुझे कोई

थाह ही नहीं लगती! सारे संसार के सामने तुम्हारे बेटे के मुँह पर उसने थूका, मुख्य द्वार पर कुत्तों के साथ खड़ा करने के बजाय आप उसे भीतर आमंत्रित कर रहे हैं?

बिज्जल : पन्द्रह साल हो गए, तुम और तुम्हारा बेटा कुछ नहीं समझ पाए बसवण्णा के बारे में...समझे क्या? मैं... बिज्जल...कल्याण नगरी का शासक राजा...कलचुरिया वंश का सम्राट हूँ, फिर भी मेरी जात क्या है?

रम्भा : उसका इससे क्या सम्बन्ध?

बिज्जल : मैंने सवाल किया है, जवाब दो।

रम्भा : हम योद्धा हैं, क्षत्रिय।

बिज्जल : तुम, तुम्हारा होइसला खानदान क्षत्रिय हो सकते हैं, लेकिन मैं तो कलचुरिया हूँ—कलचुरी...एक हज्जाम... एक नाई, बिज्जल जात का हज्जाम है। दस पीढ़ियों से मेरे पुरखों ने संसार को लूट-लूटकर डरा रखा था। और पाँच पीढ़ियों ने सम्राट के दूत के रूप में राज किया। जो भी राजघराना मिला, सबमें शादी की। ब्राह्मणों को लाखों गायें घूस में दे दीं, ताकि वो उनके माथे पर क्षत्रिय की छाप लगा दें। फिर भी मेरे राज्य के किसी छोटे-से-छोटे बच्चे से पूछ लो—कलचुरिया परमाली के बेटे की जात क्या है, बताएगा—हज्जाम। अरे...तुम्हारा बाप भी जब मुझे बेटी दे रहा था तो उसकी आँखों में भी इसकी छाया थी!

रम्भा : मेरे पिताजी को बीच में क्यों लाते हैं? उन बेचारों ने क्या किया है?

बिज्जल : बोल नहीं...बीच में नहीं बोल...बस सुन...मैं बोल रहा हूँ। आदमी की जात ऐसी होती है...जैसे कि...शरीर की चमड़ी...ऊपर से नीचे तक तुम चमड़ी छील सकते हो। लेकिन जब भी चमड़ी आएगी, चमड़ी को तो लोग पहचानेंगे ही। वही पुरानी चमड़ी, वही पुरानी जात।

क्षत्रिय, राजपूत, अछूत, गड़रिए...यही तो गुन है इस धरती का—यहाँ के पानी का गुन है ये।

[खामोशी।]

: बासठ साल का हो गया मैं। इतने सालों में जिन लोगों की आँखों में मेरी नीची जात के खयाल की छाया तक नहीं झलकी, वे आँखें हैं शरणों की, बसवण्णा और उसके लोगों की! वे तुम्हें क्या समझते हैं...आदमी, बस। बसवण्णा धरती से जात-पाँत को मिटा देना चाहता है, वर्णाश्रम व्यवस्था को तोड़ देना चाहता है। ...वाह ...कितना बड़ा...सपना है। कितना साहस चाहिए... इस बड़े काम के लिए...जरा उन लोगों को देखो...जो उसने इकट्ठा किए हैं। दिव्य अलम्म...क्या बोलता है, सुना है कभी तुमने! ...उसके मुँह से भाषा नहीं...अमृत बरसता है। तुम उसे सुनो तो अपने पर अचरज होने लगेगा कि यह वही भाषा है जो हम जीवन-भर बोलते रहे। और लोग भी हैं। अक्क महादेवी चनईया, दासी मइया, यह सब साथ बैठते हैं, साथ खाते हैं, नाचते हैं, बतियाते हैं, चिन्तन करते हैं...साथ-साथ...। और यह सब तैयारी बसवण्णा ने वहाँ पर की। कल्याण में...बिज्जल के कल्याण में...। काश्मीर का राजा कल्याण आया...तो वह पहले मुझसे मिलने नहीं आया...सबसे पहले वह शरणों को मिलने गया...जरा सोचो तो...

रम्भा : सो आप भी उनमें क्यों नहीं मिल जाते! सारी समस्या हल हो जाएगी।

बिज्जल : कुछ हल नहीं होगा। वे नीति बताते हैं! चोरी मत करो! बसवण्णा कहता है—हत्या मत करो, झूठ मत बोलो, गुस्सा मत करो, लोभ मत करो...अब अपने सिर पर इतने नकारों की पगड़ी बाँधकर राजनीति में कोई कैसे रह सकता है? सबसे मुश्किल है उसकी भक्ति, बिलकुल

भावुकता में डूबी हुई। मुझे चिन्ता हो जाती है। मैं अपने लोगों को खुश रखने के लिए मन्दिर बना सकता हूँ। लेकिन एक सत्य मुझे पता है। मैं हूँ...ईश्वर नहीं है।

[एकाएक रानी खिलखिलाती है।]

: यह तुम...खिलखिला क्यों रही हो?

रम्भा : अचानक मुझे अपने पुराने दिनों की याद हो आई। विवाह के बाद आप रात-दिन बतियाते रहते थे। विचित्र...विचित्र...

बिज्जल : मैं यहाँ खत्म हुआ जा रहा हूँ...तुम्हारे पास कहने के लिए और कुछ नहीं है? विवाह, पति, पुत्र...इनके सिवा किसी चीज में तुम्हारी दिलचस्पी नहीं है!

रम्भा : आपने इसके सिवा हमें दिया क्या है!

[बाहर शोर।]

बिज्जल : अब यह शोर कैसा है...कलप्पा...

कलप्पा : नगर के सारे लोग बसवण्णा को देखने उमड़ रहे हैं।

बिज्जल : क्यों? उन अन्धी खोपड़ियों को इतना भी नहीं पता कि वह यहीं का नागरिक है।

कलप्पा : महाराज...वे कहते हैं, खजाने में कुछ हुआ है...आप तो जानते हैं...

बिज्जल : क्या?

कलप्पा : वह कहते हैं, बसवण्णा ने कोई चमत्कार कर दिया! इसी से भीड़ जमा हुई है। बसवण्णा को फिर से देखने।

रम्भा : कैसा चमत्कार?

कलप्पा : रानी माँ! एक चमत्कार हुआ! कहते हैं, सारा नगर वहाँ पहुँचा हुआ था।

दृश्य : तीन

[पिछले दृश्य से थोड़ी देर बाद। राजमहल का भीतरी भाग। बसवण्णा एक बुढ़िया से बात कर रहे हैं। पास ही तीन-चार राज-कर्मचारी गुट बनाकर खड़े सुन रहे हैं।]

बसवण्णा : गुडव्वा, तुम्हारी बहू छोटी है...तुम्हें ही सँभालना होगा...एक बात कहूँ...सुनोगी ?

गुदईया : अब तुम्हें न कौन कहे।

बसवण्णा : सुना है, बड़ी मीठी आवाज है तुम्हारी ? मोची चनईया के बहुत से गीत आते हैं तुम्हें... !

गुदईया : *(झेंपते हुए)*...ऐं! ...देखो...तो...तुमसे किसने कहा ?

बसवण्णा : अरे, ये पर जंजाल दो दिन तो बहू पर छोड़ो ! चला लेगी वो...आजा, हमारे यहाँ दो दिन।

गुदईया : तुम्हारे घर!...न जी न...तुम जने कितनी नीची जात वालों को बटोरे रहते हो...। अछूतों की संगत...मैं न मिलाऊँ अपने कन्धे उनके संग।

बसवण्णा : हाँ, वे सब होंगे वहाँ...ये तो है...लेकिन तुम कहीं भी बैठो...ये तुम पर है...जो तुम्हारे मन में आए, वही गाओ ! वे भी गाएँगे... फिर देखना, फिर से आने का मन करता है कि नहीं!...तो...बोल...

[राजा के आने की घोषणाओं के स्वर बाहर से सुनाई देते हैं।]

स्वर : महाराजाधिराज...कालंजरपुराधीश्वर... सुवर्णवृषभ-ध्वज...डमरू... तूर्य...निर्घोषण... कलचुर्यवंश-कमल-भास्कर...त्र्यंबक पादपद्म मधुप...शनिवारसिद्धि... नि:शंकमल्ल...भुजबल...चक्रवर्ती...बिज्जल...देवराज ...भो:पराक्...भो:पराक्!...

[राजा बिज्जल का प्रवेश। साथ में ब्राह्मण पंडित मनचण्ण क्रमित। बसवण्णा अभिवादन करते हैं। राजा बुढ़िया की तरफ उपेक्षा से देखते हैं। बसवण्णा कुछ नहीं कहते। लम्बी खामोशी के बाद।]

बिज्जल : लगता है, आपको हमारी नई उपाधियाँ पसन्द नहीं आईं।

बसवण्णा : महाराज, ये कानों में कुछ ज्यादा ही गूँजती हैं। यदि इनमें संस्कृत थोड़ी कम होती और लोकभाषा थोड़ी ज्यादा होती, तो इससे महाराज का गौरव और ज्यादा होता।

बिज्जल : यही, यही। आदरणीय मनचण्ण क्रमित से पूछो। मैंने पहले ही कहा था कि तुम यही कहोगे। मुझे नए शिलालेख तैयार करवाने थे। इन्होंने कृपा की...मेरे सम्मान में, कुछ नई उपाधियाँ रच दीं।

मनचण्ण : संस्कृत के जैसी गरिमा और ध्वनियों का गुंजन...बोल-चाल की...लोकभाषा में...मिल ही कैसे सकता है!

बसवण्णा : महाराज की उपाधियाँ बहुत तेजी से बढ़ रही हैं। मुझे डर है, एक दिन उपाधियाँ लिखने के लिए पत्थर ही नहीं बचेंगे।

मनचण्ण : साम्राज्य की वर्तमान सीमाओं के विस्तार का इससे अच्छा साधन और क्या हो सकता है! हमारे पड़ोसी साम्राज्य में चोल वंश के राजाओं को लोग उनकी कलाओं से नहीं...शिलाओं से जानते हैं!

बसवण्णा : *(क्रोध से)* एक नया शिलालेख और उसके पक्ष में एक नया आयोजन...नए-नए युद्ध होंगे...सैकड़ों नए योद्धाओं की समाधियाँ बनेंगी। उन पर हजारों नवेली विधवाओं और अनाथ बच्चों का रुदन मँडराएगा। इन सारी पीड़ाओं को दूर करने के लिए और धन लगेगा...और कर लगेगा... प्रजा का बोझ ही और बढ़ेगा।

मनचण्ण : यह जीवन तो चंचल है बसवण्णा...एक दिन हम सभी

को जाना है...किन्तु ये शिलालेख युगों-युगों तक हमारे सम्राट के यश की गाथा गाएँगे...आनेवाली पीढ़ियों के नाम।

बसवण्णा : शिलालेखों को पढ़नेवाली आँखें भी तो चाहिए। गाथा गाने के लिए जीभ चाहिए, कंठ चाहिए। अर्थ पैदा करती है ये चलती-फिरती काया, मानव-शरीर...इसलिए इस हाड़-मांस के पुतलों की रक्षा हमें सबसे पहले करनी है।

[मनचण्ण जवाब देना ही चाहता है कि बिज्जल बात को अपने हाथ में ले लेता है।]

बिज्जल : बसवण्णा, आप आया कीजिए, आप आते हैं तो हमारा स्वाद बदल जाता है। छौंक लग जाता है।

बसवण्णा : *(चाबियों का गुच्छा देते हुए)* ये खजाने की चाबियाँ हैं। आपने मुझ पर भरोसा किया, मुझे ये चाबियाँ सौंपीं, बड़ी कृपा की...लेकिन अब ये मुझे भारी लगती हैं। कृपया इस भार से मुझे मुक्त करें।

बिज्जल : अगर मैं वापस लेने से मना कर दूँ तो?

बसवण्णा : तो मैं इन्हें राजमहल के शिवालय पर चढ़ा दूँगा।

[खामोशी।]

बिज्जल : पिछले दो-एक वर्षों में तुम राजसभा में नाम-भर को आए। उत्सव, त्योहार पर आए तो आए...लेकिन मैंने कभी तुम्हारी हाजिरी नहीं पूछी। राज-भर में यही चर्चा होती रही राजा का अपने राजसेवक, खजांची से तनातनी का सम्बन्ध है...फिर भी तुमसे मैंने चाबियाँ नहीं माँगीं। तुमने मेरे राज-काज को लेकर भद्दे गीत लिखे, अपने लोगों की सभाओं में तुम गाते रहे...मेरी हँसी उड़ाते रहे...ये बातें हर रोज मुझ तक पहुँचती रहीं। फिर भी मैंने तुमसे एक शब्द नहीं कहा।

बसवण्णा : महाराज! मैंने अपनी बात हमेशा साफ रखी है। मैं राज के भंडारे में काम करता हूँ। राजा को खुश करने के लिए नहीं, बल्कि इसलिए कि खजाने की रक्षा, लोगों के धन की रक्षा है। वहाँ राजा का अधिकार इसलिए है कि राजा लोगों का रक्षक होता है। लेकिन राजघराने के किसी सदस्य को खजाने की तरफ आँख उठाने का भी अधिकार नहीं है।

बिज्जल : पहले मुझे सवाल का जवाब चाहिए। क्या कोई भी राजा इतनी बर्दाश्त करता, इतनी ढील देता?

बसवण्णा : नहीं! यह मैं मानता हूँ महाराज, मैं महाराज का एहसानमन्द हूँ। आपने इतना स्नेह जताया।

बिज्जल : बहुत अच्छे...! जाने दो, जो हो गया सो हो गया। बचपना था...भूल जाओ। मेरा बेटा तो है ही मूरख।

मनचण्ण : यह क्या महाराज, यह तो अनुचित है।

बिज्जल : *(अनसुनी करते हुए)* हाथ-पैर बँधवाकर यहाँ हाजिर करूँ उसे, तुम्हारे पैरों पर?

बसवण्णा : मैं छोड़ना चाहता हूँ...इसका दोष सिर्फ राजकुमार को नहीं दिया जा सकता। शरणाओं के बीच मेरी गोष्ठी का काम दिन-ब-दिन बढ़ता जा रहा है। मेरी जरूरत वहाँ ज्यादा है।

[खामोशी।]

बिज्जल : तुम्हारी इसी बात से मुझे चिढ़ होती है। ...राजकुमार! ...तुम उसे राजकुमार कहने की जिद क्यों करते हो? ये उपाधि तो राजा के दोगले भी रखते हैं। ...तुम उसे युवराज कहते तो रानी खुश होती, मैं भी खुश ही होता... सभा में सब जानते हैं।

बसवण्णा : युवराज तो सिंहासन का उत्तराधिकारी होता है महाराज... मैं नहीं जानता था कि आपने इसके लिए उसको कब चुना!

बिज्जल : मैंने उसको चुना बिलकुल नहीं है प्यारे भाई! तुम जरा सोचो, इस हरामी को गद्दी पर बैठाकर क्या मेरे दूसरे चार चुप बैठेंगे। फाड़ खाएँगे...लेकिन राजधानी में राजा का एक ही बेटा मौजूद हो, तो उसे युवराज कहा जाता है, दस्तूर है।

बसवण्णा : नया दस्तूर है महाराज!... मैं नहीं जानता इस दस्तूर को। वैसे क्या फर्क पड़ता है कि उसे क्या कहा जाए! हाँ,... युवराज कहकर बुलाने का मतलब है...वह जिम्मेदारी से काम करे।

बिज्जल : फिर शुरू कर दिया तुमने वही किस्सा।

बसवण्णा : महाराज! इन बातों पर हमने खेल-खेल में बड़े जोश से विचार किया था...पन्द्रह साल पहले...अब मैं वो सब तो दोहराना नहीं चाहता, लेकिन फिर भी राज-काज तो राज-काज है...एक कर्तव्य...एक तरह की जीविका है, लेकिन मनुष्यता की सेवा भी है। यह उत्तराधिकार नहीं है...जो परिवार से भेंट में मिल गया हो, बल्कि हक है जो कमाना पड़ता है, और मिलने पर बड़ी लगन और बड़े जतन से निभाना पड़ता है...राज्याधिकार की जड़ें मनुष्य के गहरे विश्वासों, आस्थाओं से फूटती हैं महाराज... !

बिज्जल : मैं जानता हूँ...*(मनचण्ण को सम्बोधित कर)* आदरणीय मनचण्ण, एक बार की बात है...कोई पन्द्रह साल हो गए, मैं चालुक्यों का सामन्त था मंगलवाड में...चालुक्य सम्राट का सामन्त होना, मैं समझता था, अपना जीवन धन्य हो गया। तभी हमारी भेंट बसवण्णा से हुई थी...ये तब मुश्किल से बीसेक बरस के थे, लेकिन इनका कायक-दर्शन पूरी तरह तैयार हो चुका था—राजा जनम से नहीं होता, योग्यता से होता है, दायित्व से होता है।... अचानक मैंने मन में सोचा—ये बिलकुल सही है। मैं राजा का कायक ज्यादा अच्छे ढंग से निभा सकता हूँ।

कल्याण की राजगद्दी पर जो मूर्ख बैठा है, उससे अच्छा मैं चला सकता हूँ ...बस मैंने उसकी छुट्टी कर दी और खुद राजा बन गया। बसवण्णा के बिना मैं यह सोच भी नहीं सकता था।

बसवण्णा : मैं नहीं जानता, अपने शब्दों के ऐसे अर्थ मैं खुद भी लगा पाऊँगा या नहीं लेकिन चिन्ता इसलिए होती है कि इसी सिद्धान्त को आप अपने बेटे पर लागू नहीं करते।

बिज्जल : *(भड़कते हुए)* हाँ...क्योंकि वह मेरा बेटा है...समझे तुम...मेरा बेटा... ! तुम क्या समझोगे, बेटा क्या होता है? मेरे प्यारे दोस्त, इस कल्याण नगरी में एक लाख छियानवे हजार से भी ज्यादा शरणा हैं। हर रोज, सूर्यास्त होते ही वे तुम्हारे नाम से दीया जलाते हैं...क्योंकि तुमने उन्हें जीवन और विचार दिया है...वे सब जानते हैं कि तुम्हारे भी एक बेटा है, लेकिन वो बेचारी जान कहाँ है, क्या नाम है, तुम्हारे आधे लोग भी नहीं जानते...कैसे बाप हो तुम? कैसी अनाथ जिन्दगी दी है तुमने अपने बच्चे को। ...कुछ तो सोचो बसवण्णा?... या फिर शास्त्र पढ़ो...आदमी साम्राज्य बढ़ाता है, घर हो, जमीन हो, सम्पत्ति हो...दिन-रात एक कर देता है...किसके लिए?... एक बेटे के लिए...अन्त में बचता क्या है?... बेटा...यह भी हो सकता है कि वो तुम्हें छोड़ दे, तुम्हारा खून पीए और तुम्हारी हड्डियाँ चबा जाए...फिर भी वही है, जो आगे भी तुम्हारी आत्मा को जिन्दा रखता है।...अमर कर देता है!... *(खामोशी)* बेटा न हो, दामाद हो, या फिर कोई भाई-भतीजा...कोई भी, हो तो सकता है, लेकिन बेटे के बदले। बेटे की जगह बेटा ही होता है।

बसवण्णा : दैहिक सन्तान, दैहिक माता-पिता...हम शरणाओं के लिए इसका कोई महत्त्व नहीं है। असली जन्म तभी होता है, जब गुरु ज्ञान-मार्ग की दीक्षा देता है।

बिज्जल : यह तुम्हारा विश्वास है...जब तुम छोटे थे, जनेऊ के धागे तोड़कर तुम घर से भाग जाया करते थे...भिखारियों, जंगली बिटमारों और राहगीरों के बीच बड़े हुए हो...वे ही तुम्हारे सगे हैं। तुम्हारे लिए घर का कोई मतलब नहीं...जात-पाँत का कोई मतलब नहीं...लेकिन तुम्हारे लोग भी तुम्हारे ही जैसा सोचते हैं, यह तुम कैसे कह सकते हो? सुनो, बसवण्णा! यह एक पक्की परिपाटी है, इसमें भाई-बहन होते हैं, चाचे-चाचियाँ होती हैं, भतीजे-भतीजियाँ होती हैं...इन सुरक्षित सम्बन्धों को तोड़कर यदि तुमने सचमुच शरणाओं को जात-पाँतविहीन छुट्टे समाज में भटकने को छोड़ दिया...तो वे सूखी रेत पर मछली की तरह बूँद-बूँद को तरसेंगे...मर जाएँगे...गाँठ बाँध लो! *(एकाएक)* तुम खजाने की देखभाल नहीं करना चाहते हो...तो ठीक है...चाबियाँ दे दो!...

बसवण्णा : सिर्फ सम्बन्धों से कुछ नहीं होता, बल्कि आप उसको कितना अर्थवान बनाते हैं—महत्त्व इसका है! राजकुमार सोविदेव ने मेरे लिए क्यों जाल बिछाया था...मैं जानता हूँ। वे असफल रहे, मुझे अफसोस है महाराज! वह मूर्ख नहीं है...वो आपके ध्यान का, आपके स्नेह का भूखा है। उसे अपने साथ बैठाइए, बात कीजिए!

बिज्जल : ब्राह्मणों के बच्चे ऐसे ही बड़े किए जाते होंगे। वो क्षत्रिय है—राजपुत्र! उसकी एक ही समस्या है...अभी उसने चाबुक का स्वाद ठीक से नहीं चखा...लेकिन बन्द करो मेरे बेटे की बातें...बहुत हुआ...अब हम तुम्हारे भक्तों की बात करें।

बसवण्णा : महाराज!

बिज्जल : कलप्पा...बुलाओ उन्हें...*(बसवण्णा से)* अब हम महल के चाकरों से शुरू करें...ये तुम्हें बरसों से जानते हैं...।

[कलप्पा आधा दर्जन लोगों के झुंड को अन्दर आने देता है। वे राजा को छोड़ बसवण्णा के पैरों

में गिरते हैं। कुछ उनके पाँवों से लिपट जाते हैं, बाकी सब रोते हैं।]

बसवण्णा : *(आश्चर्य से)* यह सब क्या है? क्या कर रहे हैं आप?

बूढ़ा आदमी : माफी कर दो...माफी कर दो, बसवण्णा...हम क्या जानें, आप इतने बड़े महात्मा हैं!

बसवण्णा : आप लोगों को हुआ क्या है?

औरत : जमाना हो गया हमारी शादी को। चार बच्चे हुए... चारों मर गए, जनमते ही...एक को तो बचा लो दया करके!

कलप्पा : बस हो गया...बाद में और दर्शन मिलेगा...और भी लोग हैं...आगे चलो!

[उन्हें बाहर हाँकता है। लोगों का दूसरा झुंड अन्दर आता है। वह भी बसवण्णा के पाँवों पर गिरता है।]

बसवण्णा : नहीं, नहीं...क्या तमाशा है ये...रंगव्वा, मुझे बताओ तो सही, यह सब है क्या!

रंगव्वा : बसवण्णा, आप तो खुद ही सब कुछ जानते हैं। आपने उस दिन चमत्कार कर दिया था...

बसवण्णा : चमत्कार! मैंने! ये कैसी बात है?

बूढ़ा आदमी : तुमने न सही। भगवान शिव ने तुम्हारे लिए—आपके लिए...सब कहते हैं कि आपने अपने सुकर्मों के लिए खजाने से पचास हजार मुद्राएँ उधार ली थीं। लेकिन जब युवराज ने आपको फँसाना चाहा तो भगवान शिव ने वे मुद्राएँ पूरी कर दीं...कुछ भी कम नहीं पड़ा...!

बसवण्णा : गलत है।...शान्तम् पापम्...शान्तम् पापम्...!

बूढ़ा आदमी : खाली घड़े मुद्राओं से ऊपर-ऊपर तक भर गए!...हमने अपनी आँखों देखा...पात्र को हिला-हिलाकर मुद्राओं के लिए जगह करनी पड़ रही थी। और मुद्राएँ, बरसती ही रहीं, बरसती ही रहीं!

बसवण्णा : *(उद्विग्नता से)* तुम समझते हो मैंने खजाने से मुद्राएँ चुराईं?

बूढ़ा आदमी : नहीं, नहीं...ये मतलब नहीं...आपने अपने लिए नहीं...शरणाओं को खिलाने के लिए...उनकी अंजलि भरने के लिए...!

रंगव्वा : अपने खर्च के लिए नहीं...धर्म-कार्य के लिए!

बसवण्णा : तो फिर राजकुमार सही है! ...मैं चोर हूँ?

रंगव्वा : *(आँखें भर जाती हैं)* ऐसा मत बोलिए...आप जैसे महात्मा पर लांछन लगावें, बदनामी करें...तो हमारी जीभ में कीड़े पड़ें। हमें ऐसे मत दुखाइए!

[आँसू पोंछते हुए बाहर जाती है, दूसरे लोग अन्दर आते हैं। बिज्जल कलप्पा को इशारा करता है कि औरों को न आने दे।]

बिज्जल : तो भक्तों की बाढ़ और भक्ति के नशे का मजा आया न!

बसवण्णा : *(दुखी स्वर में)* यह सब क्या है महाराज?

मनचण्ण : वैदिक काल में धरती पर देवताओं का आह्वान करना हो, तो यज्ञ किया जाता था, हवन किया जाता था, बलि चढ़ाई जाती थी, किन्तु जब से ये भक्ति की हवा चली है, लगता है देवता भी भक्तों के लिए चमत्कार करने को तत्पर रहते हैं! भक्त हँसें तो चमत्कार, भक्त रोवें तो चमत्कार। देवता न हुए बाजीगर हो गए!

बिज्जल : *(बसवण्णा से)* तुम्हारे माननेवाले शरणा लोगों को चमत्कारी बसवण्णा चाहिए। इसके लिए चाहे तुम्हें चोर ही क्यों न बनना पड़े। तुम्हारे ये भक्त तुम्हें हत्यारा भी कह देंगे, जिससे यह साबित कर सकें कि तुम तो स्वयं शिव के अवतार हो! बसवण्णा...मैं तो एक साधारण राजा हूँ! अपने को देवताओं के साथ कोई झंझट नहीं चाहिए। हमारे राज्य के जो नियम हैं, मैं उनमें विश्वास

करता हूँ। इसलिए देवताओं को खुश करनेवाली जनता की इस भूख से मुझे बहुत चिन्ता होती है!... तुम्हें भी होनी चाहिए...।

बसवण्णा : ये मुझे चोर कहें तो कहें...जादूगर बनाकर बदनाम करें तो करें ...मुझे परवाह नहीं...इतने बड़े भक्त समुदाय में शरणाओं के बीच मेरी भक्ति क्या है ? मैं तो आम्रफलों के बीच बहुत छोटी-सी करौंदी हूँ। मेरी सारी भक्ति शीशम के बीज के छठे हिस्से के बराबर भी तो न हुई। वह तो ऐसी है, जैसे बौने के सिर राजमुकुट...जैसे नकटी औरत का शृंगार! संगम नदियों के ईश्वर, महादेव शिव के शरणों के बीच मैं भक्त कहलाऊँ...लो काटो, सिर कलम करो मेरा...पाप से छुट्टी पाऊँ! आज्ञा दें महाराज!

बिज्जल : *(पुकारता है)* कलप्पा! *(बसवण्णा से)* आप घर जाएँगे!

बसवण्णा : नहीं महाराज...मडूर गाँव से बुरे समाचार मिले हैं, अभी चलूँगा तो दिन ढले पहुँचूँगा!

बिज्जल : कुछ नौजवान शरणों और जैनियों के बीच झगड़ा हो गया है!...है न ?... अच्छा रहेगा, आप जाओगे तो उन पर अच्छा असर पड़ेगा। मेरे कर्मचारियों के भरोसे तो स्थिति सुधरेगी नहीं!

बसवण्णा : यह मुझ पर छोड़ दीजिए महाराज!... मुझे जाते हुए जगदेव और उसकी माँ से मिलना है। मैं तहसीलदारी में था जब उसके पिता मरे!

बिज्जल : *(अन्तिम बात अनसुनी करते हुए)* कलप्पा! बसवण्णा के साथ दो टुकड़ियाँ जाएँगी।

बसवण्णा : महाराज! मुझे रक्षक नहीं चाहिए।

बिज्जल : बाहर भीड़ में भक्ति का नशा उमड़ रहा है। तुम चमत्कारी हो, इतनी भीड़ में कहीं तुम्हें कुछ हो गया तो मैं दूसरा चमत्कार नहीं सँभाल पाऊँगा।

बसवण्णा : *(झुककर अभिवादन करते हैं)*...शरणा...शरणा... महाराज...!

बिज्जल : नमस्कार!

[बसवण्णा कलप्पा के साथ जाते हैं। लम्बी खामोशी।]

मनचण्ण : आप युवराज को दोष नहीं दे सकते महाराज! बसवण्णा के घर को देखें, तो बिलकुल नहीं। हर दिन भक्तों की भीड़ जमा होती है। सबको भोजन दिया जाता है... कपड़े...दक्षिणा, इतना आतिथ्य वो करता कहाँ से है? उसके ऐश्वर्य पर पूरे नगर को अचरज होता है!

बिज्जल : बड़ी खुशी हुई...यह जानकर कि मेरा बेटा मूर्खता में अकेला नहीं है। आदरणीय मनचण्ण क्रमित, एक लाख छियानवे हजार शरणा इस शहर में रहते हैं। तुम समझते हो, मैं नहीं जानता...वे अपनी व्यवस्था कैसे चलाते हैं। एक-एक पैसा उस घर में कहाँ से आता है और कहाँ जाता है, मैं अच्छी तरह जानता हूँ।

[मनचण्ण अपने अचरज को छुपाने की कोशिश करता है।]

: मैं इस नगर में दस साल पहले आया था। बसवण्णा को मैं अपना खजांची बनाकर साथ लाया था। उसी के साथ जो शरणा आए थे, उनका विश्वास था कि काम ही भक्ति है। वो मानते हैं कि उनका कायक केवल पेशा नहीं, धन्धा नहीं, बल्कि धर्म है, स्वयं शिव है। इसलिए हर शरणा सिर्फ एक दिन की रोजी कमाता है, उससे ज्यादा नहीं माँगता। मुनाफे को घृणा से देखता है...तो यह मुनाफा कहाँ जाता है! इस देश के कोने-कोने से उद्योग, व्यापार, कल्याण की ओर आ रहा है। यह नगर धन और शक्ति से लबालब भरा है। वे भी, जो शरणाओं के विश्वास को नीची नजर से देखते हैं, उन्हें भी और मुझे भी अपने व्यापार के लिए शरणाओं

की जरूरत है! वे शरणों की झोलियों में धन बरसाते हैं। बसवण्णा को मेरे साथ छल करने की जरूरत नहीं है...आदरणीय मनचण्ण क्रमित, आप नहीं जानते, धर्म और अर्थ दो विपरीत दिशाओं में भी चल सकते हैं। मेरा मूर्ख बेटा भी यह नहीं जानता। *(पुकारता है–कलप्पा)* कलप्पा, क्या लोग काफी जमा हो गए? चलें...दर्शक–सभा में जाने का समय हो गया क्या?

कलप्पा : *(प्रवेश करके)* जमा हो गए महाराज! असल में चले गए...सारे के सारे तो बसवण्णा के पीछे निकल गए। सभा में तो मक्खी मारने के लिए एक भी नहीं बचा।

[खामोशी, स्तब्धता।]

दृश्य : चार

[स्थान : ब्राह्मण मुहल्ला, साँभशिव शास्त्री का घर। शवदाह के बाद की क्रियाएँ सम्पन्न की जा रही हैं, मंत्रोच्चार सुनाई दे रहे हैं। बसवण्णा और कक्कय्या गली से घर के सामने आते हैं। पीछे–पीछे शोर मचाती एक भीड़ है, जिसमें ज्यादातर पुरुष और बच्चे हैं। बसवण्णा रुकते हैं, मुड़कर भीड़ को प्रणाम करते हैं।]

बसवण्णा : मैं हाथ जोड़ता हूँ, मेरे पीछे–पीछे इस तरह मत आइए, विश्वास करो, उस दिन खजाने में कोई चमत्कार नहीं हुआ था, ईश्वर के चमत्कार की इन अश्लील बातों से मुझे लज्जित मत करो!

भीड़ से कुछ स्वर : कइयों ने अपनी आँख से देखा है और तुम ना कह रहे हो! दस–बीस भी नहीं, पचास हजार लोग सौगन्ध खाकर गवाही दे रहे हैं इस बात की।

कुछ और स्वर : बसवण्णा, आपने कितने चमत्कार किए हैं अब तक?

बसवण्णा : कितने गिनाऊँ? अस्सी और आठ अट्ठासी कहूँ तो काफी होगा? ...आपके चमत्कारों के मोह ने मेरी भक्ति को भाँड़ों का चोला बना दिया है...तार-तार, कितने पैबन्द लगाऊँ, कैसे अपनी लज्जा छिपाऊँ?

भीड़ : *(चिल्लाती है)* बसवण्णा स्वयं शिव हैं, शिव...बसवण्णा हैं, सन्त बसवण्णा की जय हो, भक्ति-भंडारी की जय हो!

[बसवण्णा स्तब्ध खड़े रह जाते हैं।]

कक्कय्या : आप आगे चलें बसवण्णा, मैं रोकता हूँ इन्हें। *(भीड़ से)* आप रुकिए मेरे साथ, पीछे खड़े होइए...

[बसवण्णा घर के अन्दर जाते हैं। परिवार के कुछ लोग, जो भीड़ को देखने के लिए दरवाजे पर इकट्ठा हो गए थे, बसवण्णा को आता देखकर जल्दी से बिखर जाते हैं। कोई उन्हें अभिवादन नहीं करता है। बसवण्णा एक कोने में चुपचाप बैठ जाते हैं। अम्बा अन्दर आती है। लम्बी खामोशी।]

बसवण्णा : बन्नूर गाँव में मैंने उनकी बीमारी की खबर सुनी थी, सोचा था, कल्याण में आते ही उनसे मिलूँगा, लेकिन बीच में तहसीलदारी की घटना हो गई, दर्शन नहीं कर सका। शिवेच्छा!

अम्बा : पहले तो मेरे पति के साथ कई बार यहाँ आते थे, पिछले काफी अर्से से नहीं आए...बड़े आदमी हो गए?

बसवण्णा : अब मैं क्या कहूँ?

अम्बा : लोग तुम्हारे प्रभाव में हैं। उनका कहना है, स्वयं भगवान शिव तुम्हारे लिए चमत्कार करने को तैयार रहते हैं...अच्छा है! भगवान ने इस घर के लिए तो कभी कुछ किया

नहीं...और फिर हम लोग इसके योग्य भी नहीं हैं। *(रोने लगती है)*

बसवण्णा : अम्बा आँसू किसलिए? तुम्हारा बेटा है—जगदेव।

अम्बा : हाँ, है तो...लेकिन रहेगा भी? तुम यहाँ किसलिए आए हो बसवण्णा? मैं इसी भय के मारे मरी जा रही हूँ। ...मेरा बेटा फिर से घर में है, वो अपनी घरवाली को भी वापिस ले आया है। लक्षण तो लगते हैं कि वो घर-गृहस्थी में लग जाएगा। मुझे यह दिन दिखाने के लिए उन्हें जाना पड़ा। तुम उसे फिर से ले जाने आए हो? आज की ये श्राद्ध-पूजा पूरी हो जाने दो। घर की शुद्धि हो जाए, चौका-चूल्हा शुरू हो जाए...फिर करना जो तुम्हारे मन में आए!

बसवण्णा : आप चाहती हैं...मैं चला जाऊँ, शिव-इच्छा!

[जाने को उठते हैं। बगल के दरवाजे से मुख्य पुरोहित प्रवेश करता है।]

पुरोहित : ब्राह्मणों को दक्षिणा मिल चुकी है, वे प्रस्थान करना चाहते हैं। यहाँ किसी को नहीं होना चाहिए।

[अम्बा अन्दर जाती है। बसवण्णा स्थिर रहते हैं।]

: सपिंडीकरण पूरा हो गया है। जिन ब्राह्मण देव ने मृतक आत्मा को अपने ऊपर धारण किया है, वे अब प्रस्थान करना चाहते हैं। किसी बाहरी व्यक्ति की दृष्टि उन पर नहीं पड़नी चाहिए, अपशकुन होता है।

बसवण्णा : अपशकुन मुझे नहीं सताते!

पुरोहित : ठीक है। *(भीतरी आँगन में झाँकता है)* आइए...!

[ब्राह्मणों की पाँत निकलती है— पीछे-पीछे जगदेव। जगदेव सम्पूर्ण मुंडित है— चुटिया को

छोड़कर। जनेऊ पहने है। बसवण्णा को देखकर विचलित होता है। पुरोहित एक ब्राह्मण को पिछले द्वार में जाने का संकेत करता है और वह ब्राह्मण इस आदेश का पालन करता है।]

पुरोहित : *(जगदेव से)* जगुआ, जाओ...उसके पीछे-पीछे! जहाँ-जहाँ उसके पद-चिह्न पड़ते हैं...वहाँ-वहाँ गोबर का लेप करो—शुद्धि के लिए।

जगदेव : बसवण्णा जाइएगा नहीं, मैं अभी आता हूँ!

[जगदेव पिछले द्वार से बाहर जाता है। शोर सुनाई देता है—'बसवण्णा की जय'...'भक्ति-भंडारी की जय'...आदि।]

पुरोहित : *(बसवण्णा से)* मृतक के संस्कार हो रहे हैं इस घर में—आपको अपनी बाजीगरी के लिए यही स्थान मिला था!

[पुरोहित और ब्राह्मण मंडली जाती है। जैसे ही बसवण्णा जाने को होते हैं...जगदेव तेजी से आता है।]

जगदेव : आप जा कहाँ रहे हैं? बैठो न!... *(लम्बी खामोशी)* आप मुझसे गुस्सा हैं, क्योंकि मैं फिर...ये मुंडन, जनेऊ, चोटी...!

बसवण्णा : नहीं!

जगदेव : आपको शायद यह हास्यास्पद लगता होगा—ये कर्मकांडी तमाशा।

बसवण्णा : जो मैं सोचता हूँ, उसका महत्त्व नहीं है।

जगदेव : मुझे ये सब करना पड़ा! ...अपनी गाँ के मन की शान्ति के लिए। मेरे पिता अन्तिम समय में मेरे नाम की रट लगाए थे। उनका गला रुँध गया लेकिन मैं नहीं आया...

और अब पिछले ग्यारह दिनों से मैं उन्हें बुलाता रहा—आह्वान करता रहा—दो विचित्र पत्थरों पर अंग-अंग रखकर मैं उनके प्रेत को पुकारता हूँ, है ना उलटी बात? मैं ऐसा ही हूँ!

(खामोशी) मेरे पिता भी ऐसे ही थे, जीवन-भर कर्मकांड, तपस्या, साधना...और जब मृत्यु आई...उसका सामना नहीं कर सके! वे डर गए थे—भय से रोते थे—क्या मेरे जीवन का अन्त भी ऐसा ही होगा—भय, व्यर्थता, असफलता की गाथा जैसा?

बसवण्णा : अपने मन के भय को स्वीकारने के लिए और बड़ा साहस चाहिए...यदि कोई कह सके—मेरा भय ही मेरा सत्य है, तो हो सकता है यही उसकी अन्तिम विजय हो।

[बाहर शोरगुल। भीड़ में ज्यादा बेचैनी। बसवण्णा उठता है।]

जगदेव : आपको कहाँ जाना है?

बसवण्णा : जब तक मैं हूँ यहाँ...वो तुम्हें चैन नहीं लेने देंगे। और फिर दिन छिपने से पहले मुझे मड्डूर गाँव भी पहुँचना है।

जगदेव : मुझे आपसे बातें करनी हैं बसवण्णा! बहुत। आपको मड्डूर आज जाना ही है?

बसवण्णा : हाँ, हमारे कुछ युवकों ने, वहाँ के जैन मन्दिर पर कब्जा कर लिया है। उन्होंने घोषणा की है कि वे दिगम्बर मूर्ति को तोड़कर उसका शिवाला बना देंगे। स्थिति बहुत बिगड़ सकती है।

जगदेव : फिर वही पुरानी कहानी..और आप वहाँ पहुँचकर क्या कर लेंगे! मैं जानता हूँ आप अपने ही लोगों को डाँटेंगे, कोसेंगे, उन्हीं को दोष देंगे। आपको क्या पता, जैनियों ने हमें कितना उकसाया है जान-बूझकर?

बसवण्णा : हिंसा गलत है—चाहे जितना भी उकसाया जाए—हिंसा

पर उतरना, क्योंकि पहल किसी और ने की थी, यह तो और भी गलत है। और फिर ईंट-गारे की बनी इमारत के नाम पर हिंसा—मूर्खता का स्मारक बनाना है। धनवान बनाएँगे भगवान शिव के लिए भव्य मन्दिर...ये गरीब क्या करेगा? ये पाँव, यही स्तम्भ हैं, ये देह मन्दिर है, यह मस्तक ही है स्वर्ण-कलश! ओ संगम नदियों के महोदय, जो कुछ भी स्थिर है, ढह जाएगा, जो कुछ भी गति में है, केवल वही सदा रह जाएगा।

जगदेव : आपने सुना नहीं? अबलूर में सन्त एकान्ती रमैया ने जैन मन्दिर पर आक्रमण किया। उन्होंने विधर्मियों को मन्दिर से निकाल बाहर किया...और वहाँ एक चमत्कार दिखाकर मन्दिर पर अधिकार जमा लिया...उनका मस्तक मन्दिर के चारों ओर एक कबूतर की तरह उड़ान भरकर लौटा!

बसवण्णा : यह जीवन विलक्षणताओं से भरा पड़ा है, फिर हम और चमत्कार क्यों चाहते हैं?

जगदेव : *(अचानक)* उस दिन तैसीलदारी में तो कोई चमत्कार नहीं हुआ?

बसवण्णा : नहीं! नहीं हुआ, मैं जानता हूँ।

जगदेव : जब तक मैं वहाँ रहा तब तक तो इसकी चर्चा तक नहीं थी!

बसवण्णा : दुख की बात है। लेकिन सच है, हमारे शरणाओं के बीच भी भोले मूर्खों की कमी नहीं...

[खामोशी।]

जगदेव : मुझे बताइए, ये चमत्कार की बात किसने फैलाई? आपने तो नहीं?

[खामोशी।]

बसवण्णा : तुमने पूछा है, तुम्हारे मन में है ये बात?

जगदेव : *(आवेश में)* मैंने तैसीलदारी के घेराव की अगुवाई की थी, इधर मेरे पिता साँसें गिन रहे थे, मेरी अकेली माँ असहाय थी, दीवार से सिर फोड़ रही थी...और मैं तैसीलदारी में था...आप जानते हैं क्यों ? ताकि बसवण्णा के सम्मान को आँच न आए...उनकी गरिमा बनी रहे, इसीलिए तो...मैंने सोचा, कल सारा नगर मेरी चर्चा करेगा...मैं शरणाओं का सिरमौर हो जाऊँगा, मैंने कल्पना की—उत्तेजित भक्तों की भीड़ मुझे अपने कन्धों पर बिठाकर घुमाएगी...लेकिन हुआ क्या ?... मैं घर आ गया...ग्यारह दिनों तक श्राद्ध-क्रियाओं में डूबा रहा, आज सबेरे जब मैं उनसे उबरा तो किसी ने बताया कि बसवण्णा ने चमत्कार किया है। बसवण्णा...मेरा नाम तक नहीं...मेरे ही घर के सामने...बसवण्णा-ही-बसवण्णा... !

बसवण्णा : *(मुस्कराकर)* मैं भी पिछले ग्यारह दिनों से भंडार में बैठा एक तरह की साधना ही कर रहा था...ये सारी स्तुतियाँ सोने की शूली हैं।

जगदेव : मेरे पिता ने जिस पर भी विश्वास किया, धोखा खाया... राजा, आप और मैं, और भगवान...अन्त में उनके लिए बचा क्या ?...रोना...जानते हैं कैसा लगता है जब किसी से उसकी शक्ति छिन जाती है। राज-दरबार में मेरे पिता सबसे ऊँचे दीखते थे, लम्बे-लम्बे डग भरते थे। कुछ भी बोलने से पहले अपने शब्दों को तौलते थे। लेकिन ज्यों ही बिज्जल ने उनको अपदस्थ किया, वे सिकुड़ गए...पानी में निचुड़े कपड़े की तरह... उनकी आवाज भी घर्राने लगी थी...बहुत दयनीय था ये सब!

बसवण्णा : *(कोमलता से)* फैसले देना आसान है—लेकिन मन का भय-द्वन्द्व समझना कठिन।

[खामोशी।]

: स्वयं मैंने भी अभी-अभी राजा की सेवा को त्याग दिया है!

[जगदेव आश्चर्य से उनकी ओर देखता है, फिर धीरे से—]

जगदेव : आप जानते हैं कि आप क्या हैं, आप कूटनीतिज्ञ हैं। चालाक और तिकड़मी!

बसवण्णा : *(तकलीफ से)* तुम ऐसा क्यों कहते हो?

जगदेव : मेरे पिताजी ने आपको पहचान लिया था। वे कहा करते थे—'बसवण्णा से सावधान रहो, वो कपटी है।'

बसवण्णा : तुम्हारे पिता और मेरे बीच मतभेद थे—लेकिन ये पक्का है कि तुम्हारे पिता ने ऐसा नहीं कहा होगा।

जगदेव : आपका मतलब, मैं झूठ बोल रहा हूँ?

बसवण्णा : हाँ! लेकिन क्यों?

जगदेव : आपका-मेरा सात जन्मों का बैर रहा होगा, इसीलिए ना? मैं कुछ भी कहूँ, आप मुझे छोटा कर देते हैं। दुनिया की नजरों में मुझे एक कीड़ा बना देते हैं।

[बाहर शोर। मुख्य पुरोहित वापस आता है।]

पुरोहित : यदि आप यहाँ से गए नहीं, तो वे लोग अन्दर घुस आएँगे, कृपया...

जगदेव : देखिए, मैं यहाँ हूँ, देख लूँगा सब। आप अपना काम देखिए।

पुरोहित : मुझे तो आपकी माताजी ने कहा था—इसलिए... *(चला जाता है।)*

बसवण्णा : *(उठता हुआ)* मुझे जाना चाहिए!

जगदेव : नहीं, बसवण्णा, आप चले जाएँगे तो मैं बात किससे करूँगा?... मैं क्या कह रहा हूँ, कौन समझ सकेगा? शायद मैं मूर्ख हूँ...या आपने मुझ पर मन्तर चलाया

होगा—लेकिन मेरे लिए अब कोई और है भी नहीं, आपके सिवा।

बसवण्णा : इधर आओ, आँखें बन्द करो!

[जगदेव वैसा ही करता है, जैसा बसवण्णा कहते हैं। बसवण्णा अपनी हथेली उसके सर पर रखते हैं।]

: जो मैं कहता हूँ बोलो—'ओम् नमः शिवाय।'

[जगदेव उनके शब्दों को दोहराता है। ऐसा तीन बार होता है। उसके बाद बसवण्णा अपना हाथ हटा लेते हैं।]

जगदेव : आप मुझे इतना सताते हैं कि मेरी आत्मा बिलखने लगती है। फिर थपकी देकर सुलाने के लिए भी... मुझे...आप ही की जरूरत है।

बसवण्णा : कोई भी अपने आपमें स्वतंत्र नहीं है—ईश्वर ने हम सबको एक-दूसरे के साथ बाँध दिया है, ऐसे सूत्र से जो हमारी समझ से परे है। एक बात कहूँ तुमसे? मैंने अब तक किसी से नहीं कही...सुनो!...

एक रात मैं और रहस्यवादी सन्त अलम्म प्रभु बहुत देर तक बैठे बातें करते रहे...मैं जानता हूँ वे उन थोड़े-से लोगों में हैं, जिन्होंने परम पद प्राप्त किया है। घर में सब सोए थे। सन्नाटा था। अँधेरे में एक दीया जल रहा था। मैंने उनसे पूछा—ये 'मैं' क्या है? मैं इसे कैसे पहचानूँ? उन्होंने उत्तर दिया—मैं तुम्हें दिखाऊँगा...देखो! ...और बिलकुल उसी क्षण मेरे देखते-देखते उनकी सारी जीवन-लीला उनकी देह से निकलने लगी...छाया-पुतलियों की तरह, पंक्तियों के बाद पंक्तियाँ, उनका जन्म, बचपन, उनकी जवानी...वनवास में...नर्तकी कामलता के लिए उनकी वासना, कामलता की

मृत्यु...एक गड़े हुए कंकाल की हथेली पर उन्हें एक शिवलिंग मिला...घटनाओं का ताँता...एक विशाल शून्य, जिसमें मैंने अपने को भी देखा, अपने संगियों को भी, सभी कुछ...न केवल साधारण या सामान्य या पवित्र, या सुन्दर, बल्कि साथ-साथ—भीषण, बीभत्स, राक्षसी और कुरूप! कल्पनातीत था सब कुछ! जैसे किसी नदी में बासन्ती पुष्पों के साथ-साथ गलित मांस, कटे हुए अंग, उखड़ी केश-राशि, पीप-मवाद, दुर्गन्ध और सुगन्ध परस्पर लिपटी हुई...मैं सह नहीं पाया...—नहीं महासन्त, यह आप नहीं हैं!—मैं चिल्लाया। वो मुस्कराकर बोले—तुम देख रहे हो, देख रहे हो ना?...फिर अचानक ऐसा हुआ कि उस सौन्दर्य और आलोक से मैं विभोर हो गया...मैंने अपनी आँखें क्षण-भर को बन्द कर लीं। जब मैंने आँखें खोलीं...वे गहरी नींद में सोए थे...हमने दूसरे दिन या फिर कभी इसके बारे में बात नहीं की...! अब भी यह स्मरण करके कम्पन का अनुभव कर रहा हूँ।

जगदेव : ये सब आप मुझे क्यों बता रहे हैं?

बसवण्णा : नहीं जानता क्यों? तुमसे कहने का मन हुआ...नहीं जानता कि क्यों अलम्म प्रभु ने भी मुझे वह दर्शन दिखाया था!

[छत पर पत्थर गिरने की आवाज। बाहर से भीड़ की चिल्लाहटें। आवाजें—बसवण्णा बाहर आइए... दर्शन...दर्शन...अम्बा बाहर आती है।]

अम्बा : हम पर कृपा करें बसवण्णा! आपके भक्त आपके लिए पत्थर बरसा रहे हैं!

बसवण्णा : *(फिर से उठते हुए)* मैं आपको कष्ट नहीं देना चाहता था, लेकिन लगता है कष्ट ही दे पाया। लगता है, मेरे अस्तित्व का यही ढंग हो गया है।

[मुस्कराते हैं। अभिवादन में शरण–शरण बोलते हैं और चले जाते हैं। भीड़ उन्हें उत्साह से घेर लेती है और पीछे–पीछे जाती है। जगदेव, अम्बा, सावित्री और पुरोहित देखते रहते हैं।]

पुरोहित : *(चैन की साँस लेकर)* चलिए, शेष सब कुछ तो आसानी से निपट जाएगा। आज के संस्कार में जो भी पदार्थ लाया गया है, उसका उपयोग फिर नहीं किया जा सकता...लकड़ी, बर्तन और बची हुई सामग्री में से जो कुछ जल सकता है, जला दो और शेष नदी में विसर्जित कर दो...और जो कुछ बचे, वह दान में दे दो। कुछ भी बचना नहीं चाहिए।

जगदेव : इन संस्कारों में मेरा भी उपयोग हुआ था, मैं अपना क्या करूँ ?...

अंक : दो

दृश्य : एक

[बसवण्णा का घर। कल्लय्या और गुंडण्णा नाम के दो युवा शरणा साथ हैं। आदिवासियों की भी एक टोली बैठी है। अछूत सन्त कक्कय्या भी साथ बैठे हैं।]

बसवण्णा : तो मैं ही जाकर उसे बोलूँ?

गुंडण्णा : अरे नहीं, बसवण्णा वहाँ जाएँगे...तलवार से मक्खी मारे! गाँव का पहरुआ ऐसा बुरा भी नहीं है। किसी ने भड़का दिया होगा उसे!

बसवण्णा : इनके घरबार उजाड़ दिए। दर-दर की ठोकरें खा रहे हैं। गाँव-गाँव भटकते फिरते हैं। इन दईमारों को भी नहीं छोड़ते हमारे लोग...!

कल्लय्या : यह लोग अपने देवी-देवता साथ लादे फिरते हैं। उन्हें देखो तो हँसी आवे। कैसी बड़ी-बड़ी आँखें...और कैसे लाल-लाल जीभ...लप-लप नीचे लटकी है!

गुंडण्णा : *(मुस्कराते हुए)* बसवण्णा...इन्हें अपने धर्म में ले लो... अच्छा रहेगा...!

बसवण्णा : उन्हें सोने को गज-भर धरती चाहिए...टप्पर चाहिए सिर छुपाने को...! धरम-करम की बात बाद में...!

[यही बातें चल रही हैं, तभी हरलय्या और उसकी पत्नी कल्याणी और बेटा शीलवन्त (राशी जात

के चमार) साथ आते हैं। मधुबरस उसकी पत्नी ललिताम्बा और ग्यारह वर्षीया बेटी कलावती (जन्म से ब्राह्मण) और कुछ लोगों के साथ आते हैं। बसवण्णा की पत्नी गंगाम्बिका उनकी अगुवाई कर रही है। सब एक-दूसरे का अभिवादन कर रहे हैं।]

कल्लय्या : तो हमें आज्ञा है? (आदिवासियों से) रांडी...रांडी... चलो-चलो।

[उन्हें चलने का इशारा करता है। वे लोग उठते हैं। बसवण्णा को प्रणाम करते हैं।]

गंगाम्बिका : कल्लय्या! दाल, धान, नमक, मसाले इकट्ठा कर बाँध लिये हैं। पोटली साथ ले जाना, भूलना मत!

बसवण्णा : *(कल्लय्या से)* कूक्का शेट्टी आने वाले हैं। नहीं तो मैं भी साथ ही चलता। उनसे जल्दी निपट गया तो मैं पहुँच जाऊँगा। नहीं तो कल आऊँगा... सवेरे... भोरे... भोर...!

[कल्य्या, गुंडण्णा, आदिवासी सब जाते हैं।]

हरलय्या : बहन गंगा...यह आदिवासी लोग आन्ध्रा के गड़रिए हैं क्या? कोई तो बोल रहा था कि झुंड के झुंड आए हैं गाँव में...।

बसवण्णा : हाँ...! लेकिन हमारे लोग इन्हें गाँव की सीमा में घुसने नहीं देंगे, क्योंकि यह नीची जात के हैं। सच पूछो तो दलितों को दबाने में हम भी किसी से कम नहीं हैं।

हरलय्या : बसवण्णा, जब आप राजा के खजांची थे तो यह सब यूँ हो जाता था! लेकिन तब भी हमारे शरणा लोग आपकी खिल्ली उड़ाते थे, क्योंकि आप संसारी बिज्जल की चाकरी में थे!

बसवण्णा : *(सोचते हुए)* छोड़ो, यह सब तो होता ही है, क्या करें! *(दरवाजे पर जाकर झाँकते हैं।)*

गंगाम्बिका : अब कौन आने वाला है?

बसवण्णा : वो ही, कूक्का शेट्टी को आना था। कोई घरेलू झगड़ा है। चाहता था कि मैं सुलझा दूँ!

गंगाम्बिका : वे अभी आए भी नहीं, तो जो आए हैं उनकी सुन लो...!

बसवण्णा : *(आगन्तुकों से आश्चर्यपूर्वक)* आप लोग मुझसे मिलने आए हैं? *(समझाते हुए)* देखिए, बात ऐसी है, मेरा एक हिसाब है। हमारे घर में जो मुस्कराते चेहरे से आता है, तो वह इनका मिलनेवाला। माथे पर सलवटें लिये आता है, तो वह मेरा मिलनेवाला! क्या...

गंगाम्बिका : हद है आपकी भी!

बसवण्णा : आप सब के सब हँस रहे थे—सो मैं समझा जरूर आप...। *(अचानक उन्हें सुघड़ कपड़ों में देखकर)* भई, वाह-वाह...बात क्या है! कोई भोज-उत्सव...कुछ तो है! नए-नए कपड़े...नई साड़ी...पगड़ी, पैबन्द...सब के सब सज-धज के हैं! जरूर कोई रंग जमानेवाले हैं, क्यों? *(ललिता से)* क्यों ललिता बहिनी, तू खुश नहीं दीखती, बात क्या है?

मधुबरस : हाँ...हाँ...असल में बेटी का ब्याह है, माँ के चेहरे पर लकीर तो पड़े ही पड़े...स्वाभाविक है।

बसवण्णा : *(जोश में)* सच है यह?... तो कलावती के हाथ पीले हो रहे हैं...सुन रही हो गंगा!

गंगाम्बिका : अभी बताया इन्होंने...मैं बहुत खुश हूँ।

मधुबरस : हम सब आपको न्योता देने आए हैं...ब्याह में आइए, कल की सन्ध्या...आप सबको आना है। कक्कय्या आप भी।

बसवण्णा : जरूर, जरूर...सब आएँगे...लेकिन सच कहें तुमसे, जब कोई कन्या तुम्हारे देखते-देखते विवाह योग्य हो

जाए तो लगता नहीं कि तुम थोड़े बुढ़ा गए हो ...*(सब हँसते हैं।)*

कल्याणी : शिल्वा...चल, पाँव छू सबके...खड़ा क्या है, काठ का घोड़ा! चल!

हरलय्या : बड़ा तो हुआ लेकिन भैंसे की तरह, सब कुछ समझाना पड़ता है। *(शीलू बसवण्णा के पाँव छूता है)* यह न्योता है...कल सगाई का महूरत है...!

बसवण्णा : कल बड़े नक्षत्रों का संजोग है। एक ही दिन में दो-दो ब्याह...!

गंगाम्बिका : कहाँ हो? क्या सोचते रहते हो? ब्याह कल एक ही है।

कल्याणी : तय ये हुआ है कि कलावती को अपने बेटे शीलू के लिए ले आवें...आशीर्वाद दीजिए...।

बसवण्णा : *(चौंकते हुए)* क्या?

[एकाएक उनकी आँखें भर आती हैं। वह चुप हैं। कक्कय्या भी अवाक् लगते हैं। अजीब खामोशी छा जाती है। मधुबरस बड़ी समझ के साथ कहता है—]

मधुबरस : सचमुच हमें बड़ा आनन्द हुआ है...आपको ऐसे चौंकता देखकर...! आपका सपना इतनी जल्दी साकार होगा... आपने भी नहीं सोचा होगा।

गंगाम्बिका : बालक शीलू आपके आशीर्वाद के लिए खड़ा है।

बसवण्णा : *(सहसा)* कल्याण हो! हमारे आशीर्वाद सदा तुम्हारे साथ हैं। अब बड़ों से आशीर्वाद लो।

[शीलू कक्कय्या के पाँव छूता है। बसवण्णा फिर चुप्पी साध लेते हैं। एक विचित्र चिन्ता उनके चेहरे पर छा जाती है। हरलय्या का चेहरा लाल हो जाता है। वह अपनी पत्नी को घूरता है।]

मधुबरस : *(गला साफ करता हुआ)* हम आए ये सोचकर...आप

यह समाचार सुनेंगे तो खुश होंगे। लेकिन आप दोनों के दोनों चुपचाप हैं। हरलय्या इस बच्चे को आशीर्वाद देने के लिए आपका हाथ नहीं उठेगा...!

कक्कय्या : मधुबरस...मधुबरस...हरलय्या...आप लोगों ने ठीक से विचार किया है...यह कोई छोटी बात नहीं।

मधुबरस : आप कहना क्या चाहते हैं कक्कय्या? यह हमारी इकलौती बेटी है और वह भी इकलौता बेटा है।

कल्याणी : *(गुस्सा दबाती हुई)* जहाँ तक ब्याह के प्रबन्ध का सवाल है, हमने भली-भाँति सोचा है कक्कय्या! एक शरणा का बेटा, एक शरणे की बेटी से ब्याह करे तो कोई सोच-विचार की जरूरत नहीं होती! *(खामोशी)* लेकिन अब बहुत सोच-विचार की जरूरत होगी, क्योंकि ब्राह्मण की बेटी का ब्याह, चमार के बेटे से, यही न...हमारी समझ में नहीं आता ये सब...!

गंगाम्बिका : बहन कल्याणी, ऐसे मत बोलो...जानती हो, मेरे पति ऐसा सोच भी नहीं सकते! वे ऐसे नहीं हैं।

कल्याणी : कब किसके मन में क्या विचार जनमे, कौन कह सकता है!

कक्कय्या : हम सब शरणा हैं। हम सबने अपने को ईश्वर की शरण कर दिया है। अब शरणा की कोई जात नहीं। न कोई ब्राह्मण है, न कोई चमार...इस रिश्ते का समाचार हमारे लिए एक उत्सव की तरह है, लेकिन फिर भी...।

मधुबरस : हाँ...हाँ...!

कक्कय्या : हमारे चारों ओर जो संसारी...समाज है...वो इसे मानेगा?

हरलय्या : आप बोल क्या रहे हो बूढ़े बाबा! इससे औरों को मतलब क्या है?

मधुबरस : बोलने दो उन्हें जो बोलते हैं। हमें परवाह नहीं...। मैं औरों पर क्यों हँसूँ...कक्कय्या, अब मुझे ही देखो...अभी कल तक मैं आप शरणाओं की हँसी उड़ाता था, आपकी निन्दा करता था। लेकिन एक दिन, सब समझ में आ।

गया...ऐसे ही समझ में आएगा औरों को भी कभी, मुझे पूरा भरोसा है।

कक्कय्या : लेकिन तब तक क्या वे चुपचाप बैठेंगे, समझ आने तक शान्त रहेंगे?

हरलय्या : देख लेंगे हम, जो वो करेंगे।

बसवण्णा : *(अचानक)* इतने दिनों तक तो यह सिर्फ विचार की बात थी...सैद्धान्तिक रचना...। भाषण, उपदेश...लेकिन ये...अब ये तो वास्तविक विवाह है। वर्णाश्रम धर्म की जड़ों पर कुल्हाड़ा...पिछले दो हजार वर्षों में कभी ऐसा सम्भव नहीं हुआ। परम्परावादियों ने इसका पूरा-पूरा ध्यान रखा। तुम जानते हो, कैसा जहर उफनेगा...कैसी लपटें फैलेंगी। आग लगेगी इस समाचार से चारों ओर।

मधुबरस : बसवण्णा, तो वो जहर हम अपने गले में धारण करेंगे, भगवान शिव की तरह।

बसवण्णा : *(गुस्से में)* नाटकीय भाषण का समय नहीं है यह...यह उन दोनों की जिन्दगियों का सवाल है। कल जब वो एक झोंपड़ा बनाएँगे, या कहीं कोई चूल्हा जलाएँगे तो परम्परावादियों की घृणा नागों की सेना बनकर उनके पीछे फुफकारेगी। कौन बचाएगा उन्हें...अच्छा है कि अभी से इसका प्रबन्ध कर लो, बाद में हाथ मलोगे!

हरलय्या : तो आप नहीं चाहते ये विवाह! आप चाहते हैं ये रुक जाए। मैं जानता था कल्याणी...सन्त बसवण्णा हों या ज्ञानी कक्कय्या...कोई भी हों...एक चमार और एक ब्राह्मण को कन्धे से कन्धा मिलाकर खड़े होने दो। उस पर आपत्ति उठानेवाले पहले शरणा ही होंगे! होने दो।

बसवण्णा : किसी दिन यह वर्णाश्रम धर्म, जात-पाँत का यह सारा ताना-बाना ध्वस्त होगा ही। हर कोई अपने आपको केवल मनुष्य मानेगा। एक भक्त की तरह, एक शरणा की तरह। ऐसा होगा। लेकिन अभी हमें संघर्ष करना है, बहुत चलना है। लक्ष्य बहुत दूर है। शंकराचार्य जैसे

युगद्रष्टा ने कहा था—संसार माया है, ब्रह्म सत्यम् जगन् मिथ्या। और फिर व्यावहारिक जीवन में वही मनुस्मृति को मान्यता देते हैं—ब्राह्मण ऊँचे हैं, शूद्र नीचे हैं। इतना भी काफी नहीं है। यदि शूद्र जाति में जन्मा कोई वेद-विद्या सीखने की कोशिश करे तो उसके कान में पिघला शीशा डाल दो, उसकी जीभ काट लो, जिससे कि वो लोग ज्ञान-मार्ग पर कभी पाँव न धर सकें। जबकि आचार्य के अनुसार, मुक्ति का यही एक मार्ग है। पूरी व्यवस्था ऐसी बनी है कि जो दास है, पीढ़ी-दर-पीढ़ी दास ही रहेगा...सदा...सदा...। परम्परा बनानेवाले आचार्यों के ऐसे विचार...इस परम्परा में कितनी गहरी हिंसा छिपी है। तुम जानते हो, धर्म के नाम पर कुछ लोग कुछ भी कर सकते हैं।

मधुबरस : यदि वह होना ही है, तो फिर हो जाए। शिवयोग की वेदी पर मेरी बेटी का बलिदान होगा, होने दो।

कक्कय्या : मधुबरस!

बसवण्णा : बलि...जानते भी हो तुम क्या बोल रहे हो...जीते हुए की बलि! किसी को इसका अधिकार नहीं...किसी को नहीं...। और फिर तुम तो भक्त हो, ईश्वर और आत्मा के सम्बन्ध को, लिंगाग को, जानते हो, मानते हो!

हरलय्या : भई, मधुबरस, बलि जैसे शब्द ब्राह्मणों को शोभा देते हैं। युगों-युगों से हमारी बेटियाँ ऊँची जात की वासना पर बलिदान होती रही हैं। जात और कर्म की वेदी पर हमारे बेटे भी बलि चढ़ते रहे! अब और बलि नहीं चढ़ानी है।

[तनावपूर्ण सन्नाटा।]

कक्कय्या : शील क्या कहता है?

हरलय्या : वो क्या कहेगा! उसे वही करना है जो बड़े कहेंगे। कल्याणी, उसकी तो अभी मसें भी नहीं भीगीं। वो क्या जानता है?

कक्कय्या : सब कुछ का सामना तो उसे ही करना होगा! *(शील से)* शील, बच्चे बताओ यह सम्बन्ध तुम्हें स्वीकार है? *(शील डरा हुआ अपने माता-पिता को देखता है)* उधर क्या देखता है, मेरी तरफ देख।

शील : मैं...मैं...!

गंगाम्बिका : *(कलावती से)* तू जा अपनी सहेलियों के साथ! खेल-कूद पिछवाड़े जाकर...हम बुला लेंगे!

[कलावती और सहेलियाँ भागती हुई जाती हैं।]

बसवण्णा : हाँ, बोलो शील!

शील : मैं यह ब्याह नहीं करना चाहता।

[चारों ओर परेशानी।]

हरलय्या : शीलू, पता भी है तू क्या बोल रहा है!

कक्कय्या : *(हाथ उठाकर सबको चुप कराते हैं, शील से)* ऐसा क्यों कहते हो, कलावती अच्छी नहीं लगती?

शील : शिव-शिव...ये क्या कहते हैं! ऐसा नहीं है, वो तो ऐसी है जैसे फूल...सुकुमार...

कक्कय्या : तो फिर?

शील : मैंने अम्मा-बाबूजी को बता दिया है।

कक्कय्या : हमें भी बताओ, डर काहे का है?

शील : *(आँसू)* मैं उसे तकलीफ नहीं देना चाहता। उसकी जिन्दगी खराब हो जाएगी। वे सब उसे चिढ़ाएँगे। चमार की ब्राह्मणी...चमार की ब्राह्मणी।

कक्कय्या : कौन चिढ़ाएँगे?

शील : हमारी गली के बच्चे।

कक्कय्या : शरणाओं के बच्चे?

शील : हाँ बाबा...एक और बात है, मुझे अपना काम भी नहीं छोड़ना। जूतियाँ बनाने में बुरा क्या है, बोलो भला!

बसवण्णा : ठीक बात, काम क्यों छोड़ोगे, किसने कहा?

शील : *(डरा हुआ ललिता की तरफ देखता है)* किसी ने कहा नहीं, लेकिन कलावती चमड़े की गन्ध नहीं सह सकती। जब भी वो चमार के ठीये के पास से निकलती है या कोई चमड़ा धूप में सूख रहा होता है तो वो अपनी नाक बन्द कर लेती है। कोशिश करती है वो कि मैं न जानूँ, लेकिन मैंने देखा है। फिर वो पूरा जीवन कैसे काटेगी!

मधुबरस : *(हँसता हुआ)* आदत पड़ जाएगी, और कैसे!

ललिताम्बा : *(उफनती हुई)* बसवण्णा, मैं तब से चुपचाप सुन रही हूँ, अब और नहीं...। शील हीरा है, हीरा, सारे ब्राह्मणों में नहीं मिलेगा, ऐसा लड़का। इतना समझदार, इतना कोमल। इस उम्र में कितने देखे हैं ऐसे! लेकिन वो ठीक ही कहता है।

बसवण्णा : अच्छा! क्या?

ललिताम्बा : हमारी बेटी ब्राह्मण मोहल्ले में पली-बढ़ी, जहाँ जूतियाँ तक नहीं लाई जातीं, चमड़े की गन्ध तो दूर...और वो क्या करेगी, मरे भैंसे की खाल खींच सकेगी वो! चमड़ा टान सकेगी?

[अचानक सन्नाटा।]

कल्याणी : *(जब्त करती हुई)* बहन ललिता, हम चर्मकार हैं, सिर्फ जूतियाँ गाँठते हैं। हम खाल उतारते नहीं, चमड़े को कमाते भी नहीं। हरलय्या, वो काम डोम और दुसाध करते हैं। हमें तैयार चमड़ा मिलता है।

मधुबरस : माफी चाहूँगा...ये सब कुछ हमारे लिए बिलकुल नया है। हमें यह सब एक-सा ही लगता है! इसे नहीं मालूम किसका पेशा क्या है! बस बोल गई... *(पत्नी से)* अपनी चमड़े की जीभ रोको तुम जरा!

ललिताम्बा : रोकूँ कैसे? बसवण्णा, मैं चुप कैसे रहूँ? मेरी बेटी के जीवन-भर का प्रश्न है। अब कैसे बताएँ आपको...।

इतनी कोमल नाक है इसकी। आरती में कपूर की बाती जलती है तो उसकी सुगन्ध से इसको सिर-दर्द हो जाता है। वो कैसे... *(रोने लगती है)* सच बसवण्णा, जब भी उनकी गली से लौटती है, उल्टियाँ करती है, सारा-सारा दिन पड़ी रहती है।

मधुबरस : *(गुस्से से)* औरत, अपनी जुबान को लगाम दो, कहे देता हूँ। तुम शरणाओं के धन्धे का अपमान कर रही हो।

हरलय्या : नहीं भाई नहीं, मुझे उसकी बातों का रत्ती-भर भी बुरा नहीं लगा। अब अपने बच्चों को देख लो। मैं और मेरी घरवाली दोनों ने शरणा धर्म स्वीकार किया। मांस बन्द, मदिरा बन्द। बच्चे पूछते हैं, अब हम पुराना चमड़ा क्यों गाँठते रहें? अब उनसे क्या बताएँ कि हमारे पास इस चमड़े के अलावा और धरा क्या है। अब मेरा बेटा कताई-बुनाई करना चाहे तो क्या जुलाहे उसे जगह देंगे? या कुम्हार लोग अपनाएँगे उसे? हम चर्मकार हैं। नगर के बीच अपना मोहल्ला बसा सकते हैं, फिर भी हमारी यह हालत है! सोचो, नगर-सीमा के बाहर जिनके मोहल्ले होते हैं, उनकी क्या गत होती होगी!

ललिताम्बा : भाई हरलय्या, जो तुम्हारी माँ ने कहा, वह भी बता दो इन्हें!

मधुबरस : उसकी माँ ने...माँ ने क्या कहा?

ललिताम्बा : हर बार पूनो की रात, वटवृक्ष के नीचे, दामउआ माता का मेला लगता है। इसकी माँ पर दामउआ माता आती है। इसकी माँ के मुख से माता बोलती है।

मधुबरस : तुम्हें कैसे पता चला यह सब? मुझे हवा तक नहीं!

हरलय्या : मैं और मेरी घरवाली, हमने बसवण्णा का मार्ग अपनाया। हम शरणा हो गए। लेकिन मेरी माँ, वो अपनी कुलदेवी को छोड़ नहीं सकी। रोई, चीखी...वो अपने देवी-देवताओं को नहीं छोड़ेगी। सो, हम अलग हो गए। वो दिन है, मैंने नहीं देखा उन्हें। वो भी नहीं मिली।

ललिताम्बा : पिछली पूनो को इनकी माँ ने भविष्यवाणी की थी।

कल्याणी : *(आँखों में आँसू)* हम नहीं मानते यह सब...न मैं मानूँ, न मेरा घरवाला।

बसवण्णा : क्या भविष्यवाणी थी?

ललिताम्बा : उन्होंने ब्याह की मनाही की है। ये ब्याह होगा तो लहू की नदियाँ बहेंगी। वे और कोई नहीं, शिल्वा की दादी हैं। तभी मुझे डर लगता है!

मधुबरस : चुप करो, नहीं तो लगाऊँगा दो हाथ।

गंगाम्बिका : तुम मर्द लोग हाथ तो यूँ उठाते हो, औरत हो चाहे ढोर-डंगर...सब बराबर...। हमसे तो पशुओं पर भी हाथ नहीं उठाया जाता! और तुम हो कि...!

ललिताम्बा : हाँ, मैं उस देवी की पूजा करती हूँ...दामउआ की...तुमने मना किया था...बसवण्णा ने भी मना किया था...पर जब भी हो सका, मैं देवी के अँधेरे मेलों में गई...आप पर नहीं आती क्या देवी? गंगा बहन! मुझे खूसट बुढ़िया मत कहना। दस बरस पहले हमारे पतिजी को पाशुपत गुरु मिल गए थे, बस, उसी दिन से, पूरे शरीर में भस्म-भभूत लगाने लगे। क्या चीखना, चिल्लाना, नाचना... बाप रे...! फिर अचानक एक दिन बौद्ध बन गए। घर-बार, जगह-जमीन जो भी हमारे पास था, सब बुद्धविहार को देने पर उतारू हो गए। आखिर मैंने डराया कि मैं कूदती हूँ कुएँ में, तो माने। अब ये शरणा बन गए हैं...इनका शरणा होना ही इनके लिए सबसे बड़ी बात है। झन्नुम में जाए दूसरों का सोचना, इन्हें क्या!

मधुबरस : *(परेशान)* कसम से कहता हूँ, मैंने तो भले के भरोसे किया था। तुम्हें तो पता है...।

ललिताम्बा : *(गुस्से से)* वाह रे भरोसा...गंगा बहन, मैं बताती हूँ...हमने शरणा पन्थ धारण ही किया था, दीक्षा भी पूरी नहीं हुई थी। इटलिंग की परिकम्पा भी पूरी नहीं हुई थी! यह मुझे शील को दिखाकर बोले...यह हमारी बेटी के लिए

सबसे योग्य वर है, अगर कहीं शील ब्राह्मण का बच्चा होता न, तो उसका चेहरा न देखते ये!

हरलय्या : ललिता बहन, दो-टूक बात करती हो...मान गया तुम्हें...अब मैं भी दो-टूक ही कहूँगा! जब तुम्हारे पति ने इस ब्याह की बात कही, तो जानती हो मैंने क्या सोचा? अच्छा है...यह बात मैंने मन ही मन कही— अपनी जवानी में मैं ऊँची जात की लड़कियों को आँख उठाकर नहीं देख सका, अब वही अपने आप मेरे बेटे की गोद में गिरती हैं...अच्छा है...फिर मुझे अपने इस विचार से घृणा भी हुई। लेकिन झूठ कैसे कहूँ...मन में सन्तोष की चमक ज्यादा थी।

गंगाम्बिका : तुम सबके लिए औरत आम की तरह है, डाल से लटकी हुई...राह चलते हाथ उठाओ, तोड़ लो...!

[शरणों की एक टोली आती है, सब एक-दूसरे का अभिवादन करते हैं।]

शरणा-1 : भाई, हरलय्या, मधुबरस...बधाई हो...सारे नगर में तुम्हारी ही चर्चा है।

कक्कय्या : फैल गया नगर-भर में? है न!

शरणा-2 : क्या कहते हैं आप? बहुत से शरणा घरों में उत्सव मनाया जा रहा है। सब आपका प्रताप है!

शरणा-3 : और ब्राह्मण मुहल्लों में...सनसनी छाई है। उबल रहे हैं सब...! शाबाश, आपने कमाल कर दिया!

शरणा-4 : बिलकुल कमाल!

[स्त्री-पुरुषों के झुंड के झुंड आते जा रहे हैं। सभागार भरता जा रहा है। सब एक-दूसरे को बधाइयाँ दे रहे हैं।]

शरणा-3 : लेकिन बसवण्णा, एक बात है! पूछूँ?...गलत नहीं समझिएगा!

शरणा-2 : बात यह है कि हमें सम्बन्ध का समाचार मिला...बहुत खुश हुए हम लोग...यह भी पता चला, दोनों कुटुम्ब आपसे मिलने यहाँ आए हैं!...स्वाभाविक है...हम समझे...आपसे...आशीर्वाद लेंगे...फिर ये लोग वहीं आवेंगे। सो हम लोग गुलप्पा के ठीए पर इनकी राह देखते रहे। यह तो लौटे ही नहीं।

शरणा-1 : लगता है, बड़ा शास्त्रार्थ हुआ है यहाँ!

शरणा-3 : अच्छा था हमें भी बुला लेते!

कक्कय्या : कोई महासभा नहीं लगी थी यहाँ...ये हमसे आशीर्वाद लेने आए थे।

शरणा-4 : यही तो हमने भी सुना। साफ है कि बसवण्णा ने आशीर्वाद दिया नहीं।

हरलय्या : ये किसने कहा तुमसे?

मधुबरस : ऐसे लांछन लगाना बहुत गलत बात है।

शरणा-4 : अच्छा...लांछन...मैंने तो सिर्फ पूछा था!

हरलय्या : आशीर्वाद क्यों न देते वो? दिया न!

बसवण्णा : बस, जरा देर से दिया...थोड़ा अटक गया था।

[सबके सब आश्चर्य करते हैं।]

मधुबरस : चलो ठीक है। हो गया अब जो होना था।

शरणा-3 : हो क्या गया? अटक क्यों गए थे बसवण्णा?

बसवण्णा : मैं बताता हूँ। सुनते ही मैं आनन्द से भर गया! समझ नहीं पाया, हँसूँ कि रोऊँ! शिव की लीला... हमने जो प्रार्थना की थी, जो भी सपना देखा था, वह अचानक साकार हो गया था। साथ ही साथ डर भी लगा मुझे!

कक्कय्या : मुझे भी!

शरणा-4 : इसीलिए आप जाँच-पड़ताल करना चाहते हैं?

बसवण्णा : *(मुस्कराते हुए)* कोई पड़ताल नहीं...तनिक-सा विचार...!

शरणा-2 : क्या विचारा आपने ?

शरणा-1 : आपको डर काहे का लगा बसवण्णा ?

बसवण्णा : यह कोई मामूली सम्बन्ध नहीं है, क्रान्ति है यह! क्रान्ति के लिए पूरी तैयारी चाहिए। हमने पूरी मेहनत नहीं की है, लम्बी मेहनत भी नहीं की है। हमने वे साधन तैयार नहीं किए हैं! अन्याय की जड़ें शताब्दियों गहरी हैं। इनकी पकड़ बहुत मजबूत है! इन्हें उखाड़ने के लिए जो हथियार चाहिए, अभी हमने नहीं बनाए। मैं सोच-समझकर कहता हूँ, अभी हमें रुकना होगा। अभी समय नहीं हुआ है।

[शोरगुल।]

शरणा-3 : तो...एक चर्मकार का सम्बन्ध ब्राह्मण घर में हो, इसके लिए कितनी और पीढ़ियों को गुजरना होगा ?

शरणा-5 : पीढ़ियाँ...या सर ?

शरणा-4 : तुम्हारा मतलब, यह ब्याह होगा ही नहीं ?

शरणा-6 : *(चिल्लाकर)* इतने वर्षों से आप हमें उपदेश देते रहे कि जात-पाँत सब पाप है...हम भी यही नारे लगाने लगे...और अब...जब समय आया है, तुम चाहते हो कि हम दुम दबाकर पीछे हट जाएँ ? दुनिया क्या कहेगी ?

शरणा-3 : कहेगी क्या...हँसेगी हम पर!

बसवण्णा : यह कोई सैद्धान्तिक समस्या नहीं है, जीते-जागते हाड़-मांस वाले मनुष्य का सवाल है। उस बच्चे का सवाल है, उस लड़की का सवाल है! दुनिया क्या सोचती है, इससे कुछ लेना-देना नहीं! सिर्फ एक बात है, हमें वही करना चाहिए जो हमें ठीक लगे।

शरणा-5 : आप सन्त हैं...जादू कर सकते हैं। आप द्रष्टा हैं...मार्ग दिखा सकते हैं...आप जहाँ से देखते हैं, वहाँ से दुनिया घास लगती होगी! तिनके से भी तुच्छ! लेकिन मुझे तो कल सवर्णों से निपटना होगा!

शरणा-2 : एक बात कहूँ...कल पूरे समाज की सभा कर दो...इस समस्या को सुलझाना ही होगा।

शरणा-4 : बिलकुल ठीक...यहाँ जितने मौजूद हैं, काफी नहीं हैं! कल पंचायत में जो तय होगा, सो होगा!

बसवण्णा : नहीं!

शरणा-2 : नहीं क्यों?

शरणा-1 : आप क्यों नहीं चाहते कि हम सारे भाई-बन्धु मिलकर विचारें...आप नहीं चाहते कि इस फैसले में पूरा समाज भाग ले।

बसवण्णा : शीलू और कलावती का विवाह हो या नहीं, इसका फैसला उनके परिवारों पर है। वे यहाँ आए, हमसे पूछा, कक्कय्या और मैंने राय दी, जो हमें ठीक लगी। लेकिन अब फैसला वे करेंगे। उन पर किसी भी तरह का दबाव डालना अनुचित होगा।

एक शरणा स्त्री : बसवण्णा...मैं हरलय्या से कुछ पूछ सकती हूँ। ब्राह्मण बहू के विचार से तो वो उछल पड़ा, हमारे घर की बेटी के लिए भी क्या वो उतना ही तैयार होगा? हम गाँव की सीमा के बाहर रहते हैं।

[लड़कों का एक झुंड दौड़ता आता है। वे बसवण्णा और अन्य लोगों के कानों में फुसफुसाते हैं। 'राजा बिज्जल' जैसे शब्द सुनाई पड़ते हैं। सब के सब उठ खड़े होते हैं। शोर होता है। कलप्पा अन्दर आता है। हर किसी को ध्यान से देखता है—द्वार से ही बिज्जल आता है। सभी झुककर उसका अभिवादन करते हैं।]

बसवण्णा : महाराज, हमारे घर पधारे...हमारे बड़े भाग...मुझे कहला भेजा होता।

बिज्जल : अब आप हमारे सेवक खजांची नहीं रहे कि आपको बुलवा भेजूँ! आप शरणा-गोष्ठी में बैठे हैं, विचार-

विमर्श में हैं, क्या जानूँ आप निकलना चाहें, न चाहें। इसलिए मैं ही बिना किसी घोषणा, सूचना के आ पहुँचा... !

[बसवण्णा झुककर अभिवादन करते हैं।]

: मुझे आपसे कुछ...

बसवण्णा : यहाँ हम सब शरणा ही हैं। एक-दूसरे से कुछ नहीं छिपाते!

बिज्जल : आप लोग भक्त जाति के हैं, आपमें कोई भेद नहीं, लेकिन हम राजा लोग आप जैसे भाग्यशाली नहीं।

कई शरणा : *(जल्दी से)* तो हमें चलना है, सन्ध्या-प्रार्थना का समय हो गया है। सूरज डूबा ही समझो।

[शरणा धीरे-धीरे जाने लगते हैं। बसवण्णा उन्हें द्वार तक छोड़ने जाते हैं। बिज्जल को अकेला देख गंगाम्बिका उसके पास आती है।]

गंगाम्बिका : बहन रम्भा कैसी है?

बिज्जल : क्या कहा जाए? इलाज चलता रहता है। दो-एक दिन को ठीक होती है, फिर वही दर्द शुरू हो जाता है।

[ललिताम्बा तेजी से बसवण्णा के पास आती है।]

ललिताम्बा : आपने क्या तय किया बसवण्णा? शीलू होनहार बच्चा है, अपना पेशा बदल लेता तो...

[हरलय्या और मधुबरस भी आते हैं।]

हरलय्या : *(बसवण्णा से)* आपने कहा हमसे कि हम इस जाति-प्रथा से निकल सकते हैं। कैसे...यह भी बताया आपने... बहुत ठोकरें खा चुके हैं! मैं अब तैयार हूँ, चाहे जो कुछ हो जाए!

बसवण्णा : एक वचन दो मुझे...

हरलय्या : ठीक है।

बसवण्णा : विवाह होते ही वर-वधू को कहीं बहुत दूर भेज दोगे!

मधुबरस : लेकिन मेरी बेटी अभी औरत नहीं हुई!

बसवण्णा : हो सके तो...आप...माँ-बाप...आप सब भी उनके साथ निकल जाइए। अब और समय नहीं है बातें करने का!

हरलय्या : *(चालाकी से)* ठीक है।

[सब जाते हैं। बसवण्णा बिज्जल के पास जाता है। एक कोने में कलप्पा सावधानी से खड़ा हो जाता है।]

गंगाम्बिका : *(बिज्जल से)* विराजिए। मैं कोई रस लाती हूँ।

बिज्जल : नहीं, अभी कुछ नहीं...रहने दीजिए।

गंगाम्बिका : इतने वर्षों में महाराज पहली बार हमारे घर पधारे हैं, नाहीं मत कीजिए।

[घर के अन्दर जाती है। बिज्जल चारों ओर देखता है।]

बिज्जल : आप तो जानते हैं, महलों में क्या होता है, कान...कान... कान...हर जगह कान...आपके घर तक तो यह बीमारी नहीं पहुँची अभी... ?

बसवण्णा : *(हँसते हुए)* जहाँ दरवाजे बन्द हों तो कान खड़े हो ही जाते हैं, तभी तो हमारे यहाँ कोई दरवाजा ही नहीं।

बिज्जल : मैं दरबार से अपने महल जा रहा था, रास्ते में ब्राह्मणों का एक झुंड मिल गया...चीखता...चिल्लाता...! शोक में ब्राह्मणों को छाती पीटते, विलाप करते कम ही देखा है। लेकिन जब वो तय करके आते हैं, तो रोने कलपने में उनका कोई मुकाबला नहीं!

बसवण्णा : महाराज, रोने-कलपने की क्या बात थी ?

बिज्जल : *(टालते हुए)* सीधा गह देखने आनेवाला था, तुम्हारा

सिर तो नहीं फिर गया। तभी सुना, तुमने वर-वधू को आशीर्वाद नहीं दिया। ब्याह रुक गया। मुझे भी साँस आई! फिर भी तुम्हारे इन शरणाओं पर भरोसा करना बहुत मुश्किल है, इसलिए मैं यहाँ आ गया।

बसवण्णा : महाराज! मधुवन्ना नाम का एक शरणा है, जो अपनी बेटी का ब्याह हरलय्या नाम के दूसरे शरणा के बेटे से कर रहा है। इसे रोकने वाला मैं कौन? मैंने नहीं रोका!

बिज्जल : तुमने रोका नहीं, यह ठीक भी है। तुम रोकते भी कैसे? इतने वर्षों से जात-पाँत का विरोध कर रहे हो...जात-प्रथा को तोड़ दो...यही समझाते रहे हो...अब अन्तर्जातीय विवाह का विरोध तुम कर ही कैसे सकते हो। अच्छा किया, तुमने विरोध नहीं किया...! तुमने तो सिर्फ अपना हाथ रोक लिया, बस! है न? अपशकुन हो गया...और विवाह...रुक गया। ठीक?

बसवण्णा : महाराज, इस विवाह को रोकना मेरे हाथ में नहीं है!

बिज्जल : *(सख्ती से)* ब्याह रुका तो सही, सिर्फ इतना जानना है मुझे...!

बसवण्णा : जहाँ तक मैं जानता हूँ, नहीं रुका...!

बिज्जल : *(नरम पड़ता हुआ)* तुम ऐसे कैसे हो? तुम ऐसे नहीं सठिया सकते! इसका मतलब हुआ...पन्द्रह साल तक यह लोग तुम्हारी अगुवाई में रहे। अब तुम उनके मन की न मानी तो छछूँदर की तरह अलग हो गए तुमसे? तुम्हारे ही चेले, तुम्हारी बात नहीं सुन रहे?

बसवण्णा : मेरा कोई चेला नहीं है। कोई मेरी बात मानने को मजबूर नहीं!

बिज्जल : अच्छी बात है, जो तुम नहीं कर सकते, उसे मैं कर दूँगा। मैं इस ब्याह को मना ही कर दूँगा!

बसवण्णा : *(स्तम्भित)* महाराज, लेकिन...।

बिज्जल : तुम अच्छी तरह जानते हो, ऊँची जात वाले इस बात को

बर्दाश्त नहीं करेंगे! विवाह-मंडप में ही घमासान हो जाएगा...कल्याण की सड़कों पर लाशें बिछेंगी!

बसवण्णा : पाप किसी का, प्रायश्चित्त कोई करे? चिड़ियों के पंख जला दो, क्योंकि साँपों को उनकी उड़ान से ईर्ष्या होती है!

बिज्जल : यह विवाह नहीं होगा, समझे तुम? ये आदेश है...इस बारे में कोई तर्क नहीं करना है मुझे।

बसवण्णा : महाराज, कृपा कर मेरी आखिरी बात सुन लें। यदि राजा विवाह को रोकेगा, तो मैं सीधा राजमहल जाऊँगा। राजमहल के सामने बैठकर धरना दूँगा। जब तक आदेश वापिस नहीं होगा, मैं बैठा रहूँगा!

बिज्जल : अवश्य बैठो। अकेले क्यों बैठते हो...अपने शरणाओं की टोलियाँ भी साथ ले आओ! डरा किसे रहे हो?

बसवण्णा : *(शान्ति से)*...मैं किसी को साथ लेकर नहीं आऊँगा महाराज! लेकिन हो सकता है, कुछ लोग अपने आप चले आएँ!

बिज्जल : क्या! तुम्हारा मतलब क्या है? *(बसवण्णा को घूरता है, थोड़ा रुककर)* हाँ, यह तो होगा ही, तुम अकेले जाओ तो भी...है न? शरणाओं का पूरा झुंड तुम्हारे पीछे-पीछे आएगा। साधारण-सी बात, तहसीलदारी वाली...दसियों हजार लोग चले आए थे। फिर राजमहल पर लाख तो आएँगे ही आएँगे! बहुत चालाक हो तुम...मानता हूँ! इस कल्याण नगरी में तुम्हारे लोगों की संख्या एक लाख छियानबे हजार है! कुछ करने की जरूरत ही नहीं। बस अपने-अपने औजार छोड़ दो, हाथ पर हाथ धरे तुम्हारे साथ बैठ जाओ...सारा व्यापार ठप्प हो जाएगा! सुनार, लोहार, चमार, कुम्हार, बढ़ई, बनिए सबकी गलियाँ सूनी हो जाएँगी। सारे धन्धे चौपट...तुम समझते हो इसके बाद भी यहाँ की जनता इस दर्दमारे विवाह को स्वीकार करेगी! गधे से गधा राजा भी इन हालात को

बर्दाश्त नहीं करेगा। सोलह साल तक राजा का भंडारी रहने के बाद तो कोई मूरख भी यह बात समझ सकता है! *(गुस्से से)* एक बात बता दूँ तुम्हें...यह मत सोचो कि मैं सिर्फ अपने बाल नोचने के लिए इस गद्दी पर बैठा हूँ...कहीं इसी भरम में हो। सोलह साल तक काम किया है तुमने मेरे साथ, फिर भी पहचाना नहीं है मुझे तुमने! तुम और तुम्हारे वो शरणे समझते क्या हैं अपने आपको! तुम समझते हो यह कल्याण नगरी तुमसे भर गई है, तो तुम जब चाहोगे, जैसे चाहोगे, राजा की बाँह मरोड़ दोगे, जब चाहोगे धक्का दे दोगे? *(चिंघाड़ता हुआ)* मैं बिज्जल हूँ, कोई और नहीं! तुम शरणा लोग...मेरे सहने की भी हद है कि नहीं?...अब जो अगर तुमने मुझे छेड़ा...सारों को खटमल की तरह मसलकर बाहर फेंक दूँगा। याद रहे...!

[गंगाम्बिका इसी बीच तीन-चार पात्रों में शर्बत लेकर आती है। बिज्जल अनदेखी करता है। गंगा शान्तिपूर्वक पात्रों में शर्बत डालती है, जैसे ही वो साँस-भर के लिए चुप होते हैं।]

गंगाम्बिका : *(बसवण्णा से)* औषधि लाऊँ क्या आपके लिए?

बसवण्णा : *(अचरज से)* कैसी औषधि?

गंगाम्बिका : आपके कानों के लिए। इस छोटी-सी जगह में महाराज को इतना ऊँचा-ऊँचा बोलना पड़ रहा है, तो फिर आपके कानों का इलाज तो होना ही चाहिए!

[बसवण्णा हँसने लगते हैं। बिज्जल खामोश है। वह सिर्फ गंगाम्बिका की तरफ हाथ जोड़कर अभिवादन करता है।]

बिज्जल : क्षमा करो बहन जी, मेरी गलती है। मैं फुसफुसाकर बोलूँगा, वह तो ठीक रहेगा?

गंगाम्बिका : *(उसके सामने शर्बत रखते हुए)* काली मिर्च के साथ पीजिए, महाराज के गले के लिए इस घड़ी ये ठीक रहेगा।

[बसवण्णा और कलप्पा के सामने भी पात्र रखती है।]

बिज्जल : एक बात कहूँ बसवण्णा! तुम सारे शरणाओं के लिए मैं अकेला ही बहुत हूँ...लेकिन तुम्हारी स्त्रियाँ...यहीं मेरे हथियार छूट जाते हैं।

[गंगा अपने पल्लू के कोने से अपनी हँसी छिपाती हुई जाती है।]

: *(जोर से गंगा को सम्बोधित करते हुए)* लेकिन बहन, एक बात सुनो...मैं जहाँ कहीं भी जाता हूँ, मुझे कुछ भी पीने को दिया जाए तो उसकी कुछ बूँदें सबसे पहले इस कलप्पा के गले में डालता हूँ! यह आजमाने के लिए कि कहीं यह कुत्ते की तरह छटपटाने तो नहीं लगेगा!... लेकिन आज देखो, तुम्हारे घर में सबसे पहले मैं पीता हूँ!

गंगाम्बिका : तो और लाती हूँ।

[जाती है, बिज्जल पूरा पात्र एक ही बार में खाली कर देता है। फिर बोलता है।]

बिज्जल : अब तुम शरणा लोग, यह विवाह करने पर तुल ही गए हो तो ठीक है, जाओ करो...तुम और तुम्हारे वैदिकों की खैर मनाऊँगा मैं। हाँ, मैं अपनी सेना लेकर...कहीं बाहर चला जाऊँगा युद्ध-पुद्ध खेलने...और यह विवाह होने के बाद वापस आऊँगा, लाशें गिनने!

बसवण्णा : महाराज! इस कल्याण नगरी को हम अपना मातृ-स्थान मानते आए हैं, तो क्या अब हम शरणा लोगों को इस

जगह अपनी रक्षा की कोई उम्मीद नहीं करनी चाहिए? पर मैं भी बता दूँ महाराज...हम आपको और तंग नहीं करेंगे। हम सब के सब यह स्थान छोड़कर निकल जाएँगे!

बिज्जल : निकल जाएँगे! कहाँ?

बसवण्णा : भगवान शिव की इच्छा से यहाँ आए थे। वही ले जाएगा, कहीं भी!...यह कोई धमकी नहीं है, अन्तर की बात है महाराज!

बिज्जल : तुम्हें भरोसा है, तुम्हारे एक लाख छियानबे हजार लोग अपने घर-बार छोड़कर तुम्हारे पीछे-पीछे जंगलों में भटकेंगे?

बसवण्णा : यह फैसला हर किसी को अकेले-अकले ही करना होगा। अपने-अपने विश्वास की बात है...लगता है, हम इस कल्याण नगर में ज्यादा समय के लिए जम गए थे। शायद हमें जंग लग रहा है...ये उसी का इशारा है कि वक्त आ गया है।

[लम्बी चुप्पी।]

बिज्जल : चलो होने दो...विवाह पूरा होने दो...मैं रोकूँगा नहीं...

[बसवण्णा हँसता है।]

: क्योंकि मैं रोक भी नहीं सकता! तुम लोगों ने मुझे जकड़ रखा है—मैं हिल भी नहीं सकता...ठीक है, कर लो ब्याह...लेकिन बसवण्णा...एक बात समझ में आई कि तुमसे बड़ा स्वार्थी मुझे जीवन में नहीं मिला...तुम्हें तो कुछ फर्क नहीं पड़ता...मित्रता, स्वामिभक्ति, प्रेम...किसी का कोई महत्त्व नहीं तुम्हारे लिए...बस तुम्हारा सपना...और ये घुमन्तू आवारा शरणा लोग...यही सब कुछ हैं! यहीं से हमारे रास्ते अलग हो गए...। इतना कहे देता हूँ...अब आगे से तुम शरणा लोग...हमसे दूर ही रहो तो अच्छा होगा। ...तुम तो जानते हो, मुझे

छेड़ा तो मैं कितना भयानक हो सकता हूँ। ...बस और कुछ नहीं कहना! *(पुकारता है)* अच्छा बहन...चलता हूँ... कलप्पा चलो...

[दोनों बाहर जाते हैं। लम्बी खामोशी। जगदेव और मल्ली आते हैं।]

बसवण्णा : अरे जगदेव...मल्ली...आओ, आओ...बैठो!

जगदेव : तो बात महाराज के कानों तक पहुँच गई!

बसवण्णा : राज्य में कहाँ क्या हो रहा है...जानना राजा का धर्म है।

जगदेव : महाराज ने विवाह के लिए मनाही कर दी...है न...!

बसवण्णा : हाँ, शुरू में...कुछ ऐसा ही कह रहे थे।

जगदेव : नहीं मानते न मानें, फर्क क्या पड़ता है!

मल्ली : हम जो हैं यहाँ...देखें क्या कर लेंगे वो!

जगदेव : हम सब सँभाल लेंगे...एक तरकीब है!

मल्ली : बसवण्णा को बता दो...।

जगदेव : देखिए, हमारा समाज बड़ी तेजी से बढ़ रहा है। राज्य-भर में लोग जहाँ-तहाँ हमारे मत में शामिल हुए हैं। इसका मतलब है, जगह-जगह हमारे दुश्मन भी बढ़े होंगे और वे चुप भी नहीं बैठेंगे। जरूर कुछ न कुछ करेंगे वे! अब वे क्या करेंगे, इसका अन्दाज हमें कैसे लगेगा! वे क्या सोचते हैं, क्या चाहते हैं, हमें यह तो पता हो!

बसवण्णा : यह सब किसलिए जगदेव?

जगदेव : बात पूरी कर लूँ...हमारे लोगों में तरह-तरह के धन्धे वाले लोग हैं। ये सब के सब गाँव-गाँव घूमते हैं, घर-घर जाते हैं। अलग-अलग कपड़ों में, अलग-अलग भेस में...ये लोग यह सूचना जमा कर सकते हैं। और भी आदिवासी हैं...चरवाहे, गड़रिए...।

बसवण्णा : यह सब क्यों...महाराज ने तो विवाह के लिए आज्ञा दे दी है!

मल्ली-जगदेव : *(चौंकते हुए)* सचमुच... ?

बसवण्णा : हाँ।

जगदेव : आप विश्वास करते हैं उनका ? मान लो वो फिर बदल जाएँ...तो ? हमें हर बात के लिए तैयार रहना चाहिए!

बसवण्णा : मैं राजा को जानता हूँ...वो अपनी बात से बदलेगा नहीं।

जगदेव : आपको राजा पर ज्यादा भरोसा है, हम पर नहीं!

बसवण्णा : सुनो जगदेव, तुम्हें विवाह में रुचि है...तो तुम वहाँ जाओ...जहाँ विवाह हो रहा है और बेटी के बाप का हाथ बँटाओ। उसे मदद की दरकार है!

जगदेव : *(डाँट खाया हुआ, शान्ति से)* मजाक उड़ा रहे हैं?... हम जाते हैं!

बसवण्णा : नहीं, रोजाना के संसारी जीवन में जो हजारों परिवर्तन होते हैं, असली चुनौती तो उन्हीं में है...अगर कोई सच्चा शरणा हो। हिंसा कोई खिलौना नहीं जो उससे खेलो तुम...हिंसा का लालच सबसे बड़ा लालच होता है।

जगदेव : अच्छी बात है...समझाइए मुझे...अलम्म प्रभु के दर्शन का क्या मतलब है? सारी सुन्दरता और फूलों के ऊपर विष्ठा, पीप, मवाद का क्या मतलब है!

बसवण्णा : मैं नहीं जानता...ऐसी बातों का मतलब पल-भर में नहीं निकल सकता। जैसे-जैसे हम जीते हैं...जीवन की परतें खुलती हैं...अर्थ खुलते हैं!

जगदेव : ऐसा ही होगा...नमस्कार!

बसवण्णा : शरणाम्...शरणाम्!

जगदेव : *(मल्ली से)* यह सारा मतलब समझने के लिए लम्बी उम्र होनी चाहिए। यदि इतना बड़ा भाग्य हो तभी यह रहस्य जानोगे...हम सबके तो इतने बड़े भाग्य हैं नहीं!

[गंगाम्बिका दरवाजे में खड़ी यह सब सुन रही है। लम्बी चुप्पी।]

बसवण्णा : ओ सिरजनहारे! यह न सुनूँ
कि मनुष्य यह किसका है
यही सुनूँ कि
यह मनुष्य, यह मनुज, यह आदम
हमारा है—तो हमारा है—
ओ संगम नदियों के महादेव!
भाव दो, मुझे लगे—मैं तो
बस तुम्हारे घर-आँगन का छौना हूँ।

[खामोशी]

गंगाम्बिका : देर हो गई है...बहुत हुआ...अब चलो!

बसवण्णा : हाँ...पूरा हुआ!

[वे जाने ही को हैं कि लोगों की एक टोली आती है। सजे-धजे। बसवण्णा अपने विचारों में खोए हैं। उन्हें नहीं पहचानते।]

आगन्तुक : बसवण्णा!

बसवण्णा : कौन?

आगन्तुक : क्षमा कीजिए...हमें देर हो गई...मैं हूँ कूक्के शेट्टी।

[पल-भर के लिए बसवण्णा हतप्रभ रह जाते हैं, फिर याद आता है। गंगाम्बिका की ओर देखते हैं। एकाएक हँसते हैं...आगन्तुकों की ओर मुड़कर।]

बसवण्णा : *(मुस्कराते हुए)* हाँ...हाँ...भुला कैसे सकता हूँ, आपकी ही राह देख रहा था...आइए...आइए, बैठिए!

[सबके सब बैठते हैं।]

दृश्य : दो

[कल्याण नगरी की गणिका का घर। दामोदर भट्ट तेजी से आता है और द्वार पीटने लगता है।]

दामोदर : इन्द्राणी...इन्द्राणी...*(एक स्त्री कपाट खोलती है। दामोदर तेजी से दाखिल होते हुए)* युवराज यहाँ है?

स्त्री : वे अन्दर हैं, इंद्राणी के साथ।

दामोदर : ...बुलाओ उसे इसी क्षण...बताओ...दामोदर भट्ट आए हैं।

स्त्री : *(खिलखिलाती हुई)* लो मैं क्या आपका नाम नहीं जानती? कहा न मैंने, वे भीतर हैं। बाहर कैसे खींचूँ?

दामोदर : *(भीतरी कक्ष का द्वार पीटते हुए)* इन्द्राणी...इन्द्राणी...!

इन्द्राणी : *(बाहर आती हुई)* क्यों कोहराम मचा रखा है? युवराज आराम कर रहे हैं...बताया नहीं क्या?

दामोदर : *(स्त्री से)* पानी की गागर भर लाओ।

[इन्द्राणी के विरोध को टालते हुए दामोदर भट्ट अन्दर जाता है। नशे में धुत्त सोविदेव को खींचकर बाहर लाता है। उसे एक आसन पर बैठाता है। स्त्री पानी की गागर भर लाती है। दामोदर भट्ट सोविदेव के सिर पर गागर उड़ेल देता है।]

इन्द्राणी : यह क्या हो रहा है? आपके सिर पर आया तो नहीं कोई?

[सोविदेव के गालों को बार-बार थपथपाया जाता है।]

सोविदेव : *(जागता हुआ-सा)* क्या...क्या है?

दामोदर : *(इन्द्राणी से)* देह...पोंछो इसकी...ठीक से वस्त्र पहनाओ। *(सोविदेव से)* युवराज की तन्द्रा टूटी या

नहीं ?...अन्यथा मुझे एक गागर जल और मँगवाना होगा। ...देखिए राजन, मेरी बात सावधानी से सुनिए...आज एक चर्मकार का बेटा ब्राह्मण कन्या से विवाह करेगा।

सोविदेव : जानता हूँ! आप क्या चाहते हैं...मैं क्या करूँ ?

दामोदर : सारा नगर ज्वाला में धधकने को तैयार है...इतना भी नहीं समझते आप ?... कल्याण के नागरिक इस विवाह को किसी भी मूल्य पर रोकेंगे। मुझे सूचना मिली है सोनलापुर से आज सवेरे एक सौ मल्ल आकर एकत्र हुए हैं। वलम्मा के छत्र में तुलू योद्धाओं की टोली तैयार बैठी है।

इन्द्राणी : सीधे-सादे शरणाओं को डराने के लिए इतनी तैयारी!

दामोदर : यह सूचना मिली है...शरणे भी लड़ने की तैयारी कर रहे हैं। हर घड़ी तीर-तलवारें बढ़ रहे हैं। मैं युवराज को सावधान रहने के लिए कह रहा हूँ। अभी कोई नहीं कह सकता...आँधी कहाँ-कहाँ से होकर निकलेगी।

सोविदेव : तो आप क्या चाहते हैं, मैं क्या करूँ ?

दामोदर : कपड़े पहन लें और प्रतीक्षा करें!

इन्द्राणी : *(खिलखिलाती हुई)* बूढ़ी गणिका की तरह... !

[दूर से मंगलवाद्यों की ध्वनि। सब ध्यान लगाकर सुनते हैं। बरात दिखाई देती है। शील और कलावती बीच में। नगर की सड़कों से बरात गुजरती है। शरणे उत्साह में भी हैं और तनाव में भी। नगर के अधिकतर नागरिक अपने-अपने छज्जों से बरात देख रहे हैं!]

सोविदेव : देखो इनको...ये कहीं दूर, शान्ति से ये तमाशा सम्पन्न नहीं कर सकते थे ? जान-बूझकर सारे संसार की आँखों में चढ़ना।

इन्द्राणी : एक जरा से ब्याह से आप क्यों इतने परेशान हैं, मेरी समझ में नहीं आता!

दामोदर : *(खेद से)* इन्द्राणी! ये विवाह वैदिक सभ्यता के मर्म पर हथौड़े की चोट है!...विश्वासों की एक शृंखला को तोड़कर नई सभ्यता घड़ने में शताब्दियाँ लग जाती हैं। लेकिन सभ्यता के मर्मस्थल पर हथौड़े की एक चोट से पूरी सभ्यता नष्ट हो सकती है और सारा का सारा ढाँचा एक साथ अरराकर बिखर सकता है। ग्लानि की बात तो यह है कि इस कार्य के पीछे अज्ञानी शूद्र नहीं, कोई अधीर अछूत नहीं, एक ब्राह्मण ही है। एक तेजस्वी व्यक्तित्व, मेधावी...यौवन है, सौन्दर्य है। दिव्य दीखता है। मैं नहीं समझ पाता, इन सारे गुणों के होते हुए भी वह यह नहीं जानता कि वह क्या कर रहा है। यदि जाति प्रथा का ढाँचा इतना विषैला है, जैसा कि वह कहता है, तो इतनी सदियों से यह समाज स्वस्थ कैसे है? क्यों उन लोगों ने, जिन्हें इस प्रथा से पीड़ित कहा जाता है—ये शूद्र, ये अनार्य—वे भी इस जाति-प्रथा को क्यों अपना लेते हैं?

इन्द्राणी : शरणाओं ने तो सचमुच दलितों के लिए बहुत-कुछ किया है। उनके लिए वे जिस तरह काम करते हैं, आप ब्राह्मण लोग नहीं करते। मेरे जैसी स्त्री आपके लिए अँधेरे में तो ठीक है; लेकिन सूरज के उजाले में मैं अछूत हूँ, मुझसे आपको दूर रहना चाहिए। जबकि शरणाओं के लिए हम स्त्री हैं, उनकी ही स्त्रियों जैसी। जब दिन की तपिश ढलती है तो हम इन शरणाओं के लिए प्रार्थना करती हैं।

दामोदर : *(गर्जन करते हुए)* असमानता, प्रकृति ही है। संघर्ष, प्रतिस्पर्धा और हिंसा, माँ प्रकृति के ही अंग हैं। वर्णाश्रम व्यवस्था इसी बात का नियमन करती है, अनुशासन करती है। वैदिक धर्म में कितना धीरज है, कितना खुला और कितना उदार है यह...सारे मतभेदों को स्वीकार करता है। इसीलिए कहा गया है—जैसे चाहो, वैसे जिओ!

तुम जो भी हो, उसी पर स्वाभिमान करो। तुम्हें और किसी जाति या वर्ण के जैसा होने की जरूरत नहीं। अपने में रहो। हर जात, एक घर की तरह है। यह तुम्हारे परिवार के लिए बना है। तुम्हारी जरूरतों, तुम्हारी आदतों और तुम्हारे आराम के अनुसार इसे घड़ा गया है। इसलिए वैदिक धर्म में कश्मीर से कन्याकुमारी तक लोगों का कोई भी सम्प्रदाय समा सकता है। तुम्हारे बसवण्णा की तरह नहीं, वह मतभेदों को नहीं सह सकता। वह पूरी भारत भूमि पर एक मत थोपना चाहता है। एक धर्म, एक दर्शन, केवल एक सम्प्रदाय...यह तो सबसे भयानक बात है। यह विषमता, जिसमें हम सबको थोड़ा-बहुत सहना पड़ता है, सबकी समझ में आती है। इसलिए यह उस समानता से अच्छी है, जिसे कोई नहीं समझ सकता। लेकिन यह बात बसवण्णा की समझ में नहीं आती। वह शूद्रों के देवताओं पर हँसता है, उनका तो 'मटका' देवता है, 'पीतल की अँगूठी' देवता है, 'कंघी' भी देवता है!

इन्द्राणी : आप शरणाओं की आलोचना करते हैं, फिर भी उनके वचन आपकी जीभ से झरते रहते हैं।

दामोदर : *(संकोच और कोमलता से)* यह तो मेरी भाषा की भूल है इन्द्राणी। संस्कृत भाषा हीरे की तरह तराशी गई है। पिछले हजारों वर्षों में संस्कृत व्याकरण का एक भी नियम नहीं बदला, एक भी उपसर्ग या प्रत्यय छूटा नहीं। इसलिए इस भाषा में सनातन सत्य कहा जा सकता है। लोकभाषा तो मातृभाषा है। एक मुँह से दूसरे मुँह तक बदल जाती है। घर में यह पति पत्नी के बीच लड़ने में काम आती है...भिखारियों के लिए भीख माँगने के काम आती है...वेश्याओं के काम आती है, हम जैसे ग्राहकों को रिझाने के लिए! इसमें व्यभिचारी भावों की अभिव्यक्ति आसानी से हो जाती है, इसीलिए यह भाषा जल्दी मुँह चढ़ती

है...आदत बन जाती है...और मैं भी इसकी चपेट में आ जाता हूँ। शरणाओं ने इसका उपयोग अपने धार्मिक प्रचार के लिए किया है, यहीं मेरा विरोध है!

सोविदेव : *(जागता हुआ)* बन्द भी करो पंडित...विवाह तो हो चुका कब का...अब खून कब बहेगा? लड़ाई कब होगी?

दामोदर : हाँ, विवाह हो चुका, लेकिन खून नहीं बहा...! *(खामोशी)* लेकिन क्यों नहीं बहा? *(खामोशी)* इसका अर्थ है शरणाओं की रक्षा की गई है!

सोविदेव : कौन करेगा रक्षा?

दामोदर : और कौन कर सकता है?... राजा?...सिर्फ उनके पास शक्ति है...लेकिन उन्होंने इसका उपयोग क्यों किया...मुझे आश्चर्य होता है...यह तो आत्महत्या है!

[दरवाजे पर दस्तक। दामोदर भट्ट सोविदेव को अन्दर धकेल देता है। इन्द्राणी कपाट खोलती है। मनचण्ण क्रमित, ब्राह्मण, व्यापारी, सैनिक अन्दर आते हैं। दामोदर मुस्कराता है। युवराज की नई उपाधियों की घोषणा करता है— युवराजेन्द्र कालंजर पुराधीश्वर सुवर्णवृषभध्वज डमरुतूर्य निर्घोषण सोमेश्वर राजेन्द्र भो पराक्! भो पराक्! सोविदेव अन्दर आता है। तनकर खड़ा होता है। सारे आगन्तुक उसे झुककर अभिवादन करते हैं।]

दामोदर : महाराज कुछ भी कहें, तुम्हें यही कहना है...मैं नहीं जानता महाराज...! जीभ पूरी तरह बन्द, दोनों कान पूरी तरह खुले...याद रहेगा?

मरियप्पा : हाँ श्रीमान!

[बिज्जल की आवाज सुनाई देती है। दामोदर मरियप्पा को अन्दर धकेल देता है।]

बिज्जल : रुद्रप्पा...मेरी राजकीय पोशाक कहाँ है ?

[दामोदर भट्ट इशारा करता है। एक सेवक चाँदी के थाल में रखी पोशाक लेकर जाता है। अन्दर के संवाद सुनाई देते हैं।]

बिज्जल : तुम कौन हो ?

सेवक : मैं...मेरा नाम...कुतरप्पा है महाराज! रुद्रप्पा आज आया नहीं महाराज!

बिज्जल : मेरा पूरा सेवक मंडल आज तीर्थ करने गया है! ये नहीं आया, वो नहीं आया!

[जोर की गर्जना। कुतरप्पा धकेला हुआ बाहर आता है। पीछे-पीछे गरजता हुआ, अधनंगा बिज्जल आता है।]

: किसने भर्ती किया तुम्हें ? मैंने राजकीय पोशाक माँगी थी। राजमुकुट तेरा बाप लाएगा ? रुकमैया! रुकमैया!

दामोदर : *(आगे बढ़कर)* वो बीमार है महाराज!

बिज्जल : क्या हो गया ? महामारी फैली है क्या ? कहाँ गए हैं सब मरने को ? और तुम कौन हो ? ओ! महारानी के पुरोहित हैं...आप तो मेरे सुपुत्र की परिक्रमा करते रहते हैं ? यहाँ क्या कर रहे हैं आप ब्रह्मबेला में ?

दामोदर : एक अनुरोध है महाराज!

बिज्जल : एक अनुरोध ? यहाँ ? क्या है ?

दामोदर : राजमुरारी सोविदेव राजेन्द्र की आज्ञा से...

बिज्जल : वह कौन है ? तुम्हारा मतलब मेरा बेटा ? उसने यह उपाधियाँ कब धारण कीं ? किसी मंच पर अभिनय कर रहा है क्या ?

[अचानक उसे अहसास होता है कि वह क्या कह रहा है। पुकारता है—]

: कलप्पा कहाँ है? मेरा कलप्पा! कलप्पा! कलप्पा!!

दामोदर : महाराज, कलप्पा भी बीमार हो चुका है।

[बिज्जल सब कुछ समझ जाता है। सहसा वह कक्ष की ओर दौड़ता है। अन्दर से उसकी आवाज सुनाई देती है।]

बिज्जल : विश्वासघात! षड्यंत्र! धोखा! बचाओ, उन्होंने मुझे घेर लिया! *(तेजी से बाहर आते हुए)* मेरी तलवार कहाँ है? किस हरामी ने मेरी तलवार हटाई?

अंक : तीन

दृश्य : एक

[राजमहल के सामने का आँगन। सूर्योदय का समय। कलप्पा एक ओर ऊँघ रहा है। सोविदेव की आवाज, वह कलप्पा को पुकार रहा है।]

सोविदेव : *(बाहर से)* कलप्पा...कलप्पा!

[कलप्पा झटके से जागता है। चारों ओर भकुआया हुआ-सा ताकता है।]

कलप्पा : कौन है? छोटे राजा हैं?

सोविदेव : *(बाहर से)* हाँ। जरा इधर आना।

[कलप्पा हिलता नहीं। दामोदर भट्ट का प्रवेश।]

दामोदर : कलप्पा बहरा है क्या? छोटे राजा बुला रहे हैं।

कलप्पा : किसलिए?

दामोदर : मैं क्या जानूँ? एक बात कहूँ...राजा के सामन्तों की तरह मिजाज हो गए हैं तुम्हारे। युवराज को दूर से ही जवाब दे रहे हो। जाता क्यों नहीं? मैं हूँ यहाँ।

[कलप्पा बिज्जल के कक्ष की ओर देखता है। बाहर जाता है— बेमन से। जैसे ही बाहर जाने को

होता है, मार-पीट होती है। चार-पाँच जने उसे धर पकड़ते हैं और उसके सिर पर चोट करते हैं। उसे घसीटकर ले जाया जाता है। दामोदर भट्ट के संकेत पर, अलग-अलग कोनों से चार-पाँच सैनिक आते हैं और वापस गायब हो जाते हैं। सिर्फ एक नवयुवक मरियप्पा दामोदर भट्ट के पास रह जाता है।]

दामोदर : *(पुकारता हुआ)* बकन्ना...

[बकन्ना आता है। चौदह-पन्द्रह साल का एक बालक है।]

: महाराज का स्नान पूरा हो गया?

बकन्ना : महाराज पूजा में हैं। आपने किसलिए बुलाया है?

[एक सैनिक बकन्ना पर आक्रमण करता है। हाथ-पाँव-मुँह बाँधकर अपने कन्धे पर रख ले जाता है।]

दामोदर : मरियप्पा!...महाराज जब जंगल के लिए जाते हैं तो बकन्ना उनके साथ जाता है। वह अपने साथ पानी का घड़ा भी ले जाता है महाराज का पिछौड़ा धोने के लिए। महाराज के कान भरने का इससे अच्छा अवसर नहीं होता। जब उनके मरोड़ उठती है, उस समय कोई कुछ भी माँग ले, वे झट हाँ कह देते हैं। इस तरह तीन वर्षों से ये हरामजादा महाराज पर राज कर रहा है। अब से राजा के जलचारक तुम हुए। ...समझ गए न...!

मरियप्पा : समझ गया श्रीमान...!

रम्भा : *(भागती हुई बाहर आती है)* हुआ क्या है? *(दामोदर को देखकर)* यह क्या हो रहा है, महापंडित?

दामोदर : धीरज, महारानी! धीरज!

[बिज्जल मुख्य द्वार पर दौड़कर जाते हैं। द्वार को धक्का देते हैं। द्वार बाहर से बन्द है। द्वार पीटता है। बाहर खिड़की से देखता है।]

बिज्जल : सैनिक! धोखा! धोखा!

रम्भा : थोड़ा धीरज रखिए। मेरी समझ में कुछ नहीं आया अभी। हुआ क्या है?

बिज्जल : हो चुका जो होना था...सर्वनाश हुआ है! मेरे बेटे ने मेरा गला काटा! उसने मुझे बन्दी बना लिया है!

रम्भा : *(गश खाकर)* नहीं, ऐसा नहीं हो सकता। ईरव्वा! ईरव्वा!

दामोदर : महारानी शान्त हों। डरने का कोई कारण नहीं है। ईरव्वा को यहाँ बुलाएँ।

बिज्जल : *(दीवार से सिर टकराता हुआ)* मैं अन्धा था रम्भा! मेरी आँख फूट गई थी। मेरी अक्ल घास चरने गई थी। मेरे अपने ही घर में साँप पल रहा था और मैं बाहर कीड़े-मकोड़े मारता रहा। मूर्खता है! मूर्खता!

[ईरव्वा का प्रवेश। रानी के पास जाती है। जो भी हुआ है, उसे पता है। वह रो रही है। वह और बिज्जल सहारा देकर रम्भा को उठाते हैं। सोविदेव दरबारियों के संग आता है। सिर पर राजमुकुट है। वह पीला पड़ा हुआ है और पत्ते की तरह काँप रहा है।]

रम्भा : यह सब क्या है, पुत्र? कह दो कि तुमने यह सब नहीं किया।

दामोदर : ईरव्वा, महारानी को यहाँ नहीं होना चाहिए था। इन्हें भीतर ले जाओ।

रम्भा : अपने पिता के सामने उनका मुकुट पहनते तुम्हें लज्जा नहीं आती? जो कुछ मैंने सुना है, वह सब सच है क्या...तुम्हें मेरे दूध की सौगन्ध है। उतार दे यह राजमुकुट। अपने पिता को वापस सौंप दे।

[सोविदेव टस से मस नहीं होता। रानी रम्भावती उसके मुँह पर थूकती है।]

: धिक्कार है तुझ पे कसाई, यदि ये लांछन अपने सिर से नहीं उतारा तो मेरा शाप तेरे सिर पर मँडराएगा।

दामोदर : ईरव्वा, तुमने मेरी आज्ञा नहीं सुनी?

रम्भा : *(दामोदर भट्ट की ओर मुड़ती हुई)* चांडाल पुरोहित! तेरा इतना साहस!

बिज्जल : जाओ रम्भा! पुरोहित ठीक कह रहे हैं। उन्होंने राजगद्दी जीत ली है। अब चीखने से कुछ नहीं हो सकता। जाओ, भीतर जाओ।

[रम्भा अन्दर जाती है।]

: *(अपने बेटे की ओर जाता हुआ)* शाबाश बेटे, शाबाश! तेरी टाँगों के बीच मर्दानगी चाहे हो या न हो—कम से कम तुममें कुछ हौसला तो हुआ!

[एकाएक सोविदेव बिज्जल को लात मारता है। बिज्जल गिर जाता है। सारे उपस्थित लोग 'हाय' कर उठते हैं। दामोदर भट्ट राजा की मदद के लिए दौड़ता है।]

: खबरदार, कोई मुझे छूना मत। *(मुस्कराता है)* यह किससे सीखा तुमने? कल्पना से न? *(एकाएक बिज्जल की मुस्कराहट गायब हो जाती है। चारों तरफ ढूँढ़ता है)* कलप्पा कहाँ है? कहाँ है, कलप्पा?

[कोई उत्तर नहीं देता।]

: आप लोगों ने उसका क्या किया? हत्या कर दी? मार डाला उसे आप लोगों ने? है न? *(बिज्जल की आँखें आँसुओं से भर आती हैं)* ऐसा कैसे कर सकते हैं आप

लोग? वह तो अबोध बच्चे की तरह था। इस घोर कलियुग में उसके जैसा और कोई नहीं मिलेगा। उस पर तुम्हारे हाथ कैसे उठे?

[अपने आँसू पोंछता है। बिज्जल को रोते देख उपस्थित सभी जन स्तब्ध हो जाते हैं। बिज्जल अपना शोक छुपाने की कोशिश नहीं करता।]

: तुमने कलप्पा की हत्या कर दी, और मुझे जीता छोड़ दिया। क्या मैं इस लायक भी नहीं? मुझे भी तुम वही सम्मान देते जो तुमने कलप्पा को दिया।

दामोदर : महाराज, सिंहासन एक केन्द्र है...चारों ओर से घिरा होता है सामन्तों से। उनके पीछे होते हैं चाटुकार, भविष्यवक्ता ज्योतिषी, दरबारी, महाबल और गुप्तचर। इस अन्तःचक्र के बाहर भी चक्र होते हैं। वे सब बच जाते हैं। लेकिन कलप्पा का स्थान इन सबमें कहीं भी नहीं था। वह निष्ठावान था, इसलिए सबसे खतरनाक था।

बिज्जल : आपकी जीभ बहुत बड़ी हो गई है, राजपुरोहित! सावधान! अपनी जीभ से रपटकर मरोगे।

दामोदर : क्षमा चाहता हूँ, महाराज! हमने कोई विश्वासघात नहीं किया। हमने कलचुरिया वंश का नमक खाया है। हमारी निष्ठा उसी के साथ है। सारे राज्य में शिलान्यास और घोषणाएँ कराई जा रही हैं—वंश-परम्परा सुरक्षित रहेगी। सम्राट ने वानप्रस्थ ग्रहण किया है, इसलिए उन्होंने अपने पुत्र राजमुरारी सोविदेव को स्वयं सिंहासन पर बैठा दिया है।

बिज्जल : चार वीर पुत्रों के रहते हुए इस मुर्दे को मैं सिंहासन पर बिठाऊँगा...कौन विश्वास करेगा इस बात का? राज्य के सारे लोग हँसते हँसते मर जाएँगे।

[सोविदेव क्रोध से आगे कदम बढ़ाता है। बिज्जल पैंतरा बदलकर हट जाता है। उसकी तैयारी देख सोविदेव जहाँ का तहाँ रह जाता है।]

दामोदर : *(नम्रता से)* महाराज! कृपा करके इधर... *(द्वार की ओर संकेत करता है। सोविदेव जाता है।)*

बिज्जल : यह बाजी तो तुम जीत गए। इस भरम में न रहना कि अन्तिम जीत भी तुम्हारी होगी। यदि तुम मुझे विष देकर मारोगे तो कल्याण की सेना में विद्रोह हो जाएगा। मेरे चारों बेटे भी पूरे दल-बल के साथ चढ़ाई करेंगे। मुझे तुम जिन्दा तो रखोगे ही...देखें, तुम कब तक यह कर पाते हो!

दामोदर : महाराज के एक-एक शब्द की महत्ता अर्थशास्त्र के बराबर होती है! इसलिए क्या आप मेरी एक शंका का उत्तर दे सकेंगे?

बिज्जल : शायद।

दामोदर : यह विवाह कोई साधारण बात नहीं थी। वैदिक धर्म में प्राचीन काल की, सदियों की सिद्धि है। सारे आर्यावर्त में इसकी जड़ें फैली हैं। शरणा सम्प्रदाय का आन्दोलन एक साधारण-सा जन्तु है, बुद्ध के बाद ऐसा विषकीट इतिहास में नहीं हुआ। दोनों साथ-साथ नहीं रह सकते! दो में से किसी एक को नष्ट होना ही होगा। महाराज! विवाह वाले दिन आपने बीच-बचाव न किया होता, तो शरणाओं की दुर्गत उसी दिन हो जाती। आपने उन्हें बचाया...बचाया, क्यों? आपने इस महानाश को बुलावा दिया? क्यों आपने दुश्मनों को बढ़ावा दिया...क्यों?

बिज्जल : मैं बताऊँ भी तो तुम समझ सकोगे?

दामोदर : मैं ब्राह्मण हूँ...समझना मेरा धर्म है!

बिज्जल : यह बात तुम्हारी समझ से परे भी हो सकती है!

[खामोशी।]

: रेगिस्तान का प्यासा जिधर हरियाली देखता है, बेचैन उसी ओर भागता है! ऐसे ही इस संसार में, जहाँ कोई भगवान नहीं है, आदमी छोटे-से चमत्कार के लिए भागा-भागा फिरता है।

दामोदर : चमत्कार! कैसा चमत्कार?

बिज्जल : एक ब्राह्मण की बेटी अछूत से ब्याह करना चाहती हो...और दो लाख लोग उसकी मदद के लिए खड़े हों, यह चमत्कार नहीं है, तो और क्या है?...यह बसवण्णा ने किया है। मेरी नगरी में, मेरे राज्य में...मैं इस पर कैसे रोक लगाता?

दामोदर : महाराज, यह चमत्कार नहीं! प्रकृति के धर्म से विद्रोह है यह।

बिज्जल : *(शान्ति से)* मैंने कहा था न...यह तुम्हारी समझ से परे है! इस चमत्कार को तो वही पहचान सकता है जिसे जन्म से इस चमत्कार की प्यास हो! औरों के लिए तो यह होता ही नहीं *(मुड़ता है)* रम्भा...रम्भा...

[बिज्जल का प्रस्थान। दामोदर भट्ट देखते रह जाते हैं।]

दृश्य : दो

[बसवण्णा का घर। शरणाओं की सभा। वातावरण में तनाव।]

बसवण्णा : हमें डर था कि इस विवाह में लहू का छिड़काव होगा। ऐसा नहीं हुआ। ...महाराज की कृपा है।

[विरोध की आवाजें।]

हरलय्या : *(हाथ उठाता हुआ)* बसवण्णा को अपनी बात पूरी करने दो!

बसवण्णा : राजा ने हमारी रक्षा की...मार-काट नहीं हुई। वे चाहते, तो विवाह को रोक सकते थे। हमें इस कल्याण नगरी से खदेड़ सकते थे।

शरणा-1 : मैं कहूँ, आप तो राजा को ज्यादा ही चढ़ा रहे हो...कमाल है! ब्याह को, वो क्यों रोकने लगे भला...हम कौन-सा गुनाह कर रहे थे, लो!

शरणा-2 : अरे...वाह...वाह, दो लाख शरणों से दुश्मनी लेना कोई खेल है?

शरणा-3 : भई, वो मना कर देते तो क्या हो जाता? जो वो लड़ने पर आते, तो क्या हम हाथ जोड़कर मान लेते? दिखा देते हम भी! हम लड़ना-भिड़ना चाहते नहीं, इसका मतलब ये नहीं कि वो कुछ भी करें!

बसवण्णा : अच्छी बात है कि ऐसा कुछ भी हुआ नहीं...। लेकिन आप लोगों ने अभी-अभी खबर सुनी...महाराज को उनके राजमहल में बन्दी बना लिया गया...इसीलिए मैंने आप सबको यहाँ बुलाया है।

शरणा-1 : आप क्या कहते हैं? हमें क्या करना चाहिए? हम वही करेंगे जो आप कहेंगे!

बसवण्णा : तो चलिए। हम सब के सब राजमहल चलते हैं!

श. औरतें : हम कहेंगे, हमें महाराज से मिलना है। हम वहीं धरना देकर बैठे रहेंगे, जब तक खुद महाराज के दर्शन नहीं हो जाते। ये हो सकता है, जो हम सबमें मेल हो, हम सबमें एका हो।

शरणा-3 : भई, किस वास्ते? बाप-बेटे की लड़ाई है...! राजनीति में होती रहती है!...सबको पता है।

बसवण्णा : महाराज, यह सब कुछ हमारे कारण झेल रहे हैं। इस गाढ़े समय में हमने उनका साथ न दिया तो विश्वासघात होगा!

शरणा-4 : विश्वासघात? ये तो बहुत बड़ा लफज है। लेकिन महाराज के लिए ये लफज कोई नया तो नहीं है। ...भूलो

मत...! इसी राजगद्दी पर, उसके राजा चालुक्य भी बैठा करते थे!

शरणा-2 : तुम्हारी बात समझने की कोशिश करता हूँ, मैं भी! बसवण्णा, आपने बताया कि बिज्जल ने कहा था...मेरे खयाल में लफज यही थे कि 'अब हमारे रास्ते अलग होते हैं।'

बसवण्णा : हाँ।

शरणा-2 : उसने ये भी बोला था कि मेरे पास मत आना, अगर आए तो बहुत बुरा होगा।

बसवण्णा : हाँ, कुछ...ऐसा ही...!

शरणा-2 : तो अब क्यों हम उसके ऊपर लद रहे हैं?

बसवण्णा : मैंने अपने गीतों में महाराज का विरोध किया, उनकी मलामत की...वे बदले में मेरा विरोध करते हैं तो उनको भी इसका हक है। गुस्से में उन्होंने जो भी बोला हो...अब हमें उनका साथ देना चाहिए...और कौन है उनका हमारे सिवा?

मधुबरस : शीलू और कलावती के ब्याह से पूरी दुनिया चक्कर में है। सब कहते हैं, शरणों ने कमाल कर दिया...सब के सब दाँतों में उँगलियाँ दबा रहे हैं। और आप हो कि इसका सेहरा राजा के सर बाँधना चाहते हो!

शरणा-3 : बसवण्णा! रजवाड़े आते हैं, रजवाड़े जाते हैं। चालुक्य वंश कहाँ है आज? कलचुरिया राज कर रहा है। कल ये भी चले जाएँगे, कोई और आएगा इनकी जगह...। हमारे समाज को अपने पैरों पर खड़ा होना है या नहीं राजा के बिना? हमें किसी और के बनाए विधान और मर्यादा की क्या दरकार है! हमारे अपने नियम हैं! बसवण्णा! राजा तुमको मानते हैं, तुम्हारे मित्र हैं...तुम वही करो जो तुम्हारा मन कहे! उसमें हम कुछ नहीं कहते...। लेकिन यही मौका है, जब हम दुनिया वालों को दिखा सकते हैं। हम शरणाओं को किसी राजा के अधीन रहने की जरूरत नहीं।

शरणा-5 : मेरी बात सुनो बसवण्णा! मुझे नहीं पता लोगों को क्या हो रहा है आजकल...कुछ हो जरूर रहा है...ये तो पक्का है! ...हममें से कुछ डरे बैठे हैं, कुछ आलसी हो गए हैं। जो तुम चाहते हो कि हम सारे एकजुट हो जाएँ, तो उसके दो ही रास्ते हैं...एक रास्ता तो है...कि तू हुकुम दे...डोंडी पीट कि एक-एक शरणा को, राजमहल जाना होगा...और वहीं डटे रहना होगा!

बसवण्णा : यह अनुभव-मंडप है, विचार-सभा है, भेड़-बकरियों का रेवड़ नहीं। मैं नहीं कहूँगा किसी से कि ऐसा करो, वैसा करो...यह तो शरणाओं का अपमान करना हुआ!

शरणा-5 : और भई, दूसरा रास्ता है कि तू बोल दे—चमत्कार हुआ था, तुझे सपने में भगवान शिव ने दर्शन दिए हैं...फिर देख सारे के सारे कैसे उचककर चलते हैं तेरे पीछे-पीछे। ...और तो कोई रास्ता है नहीं भई...।

बसवण्णा : हर कोई अपने अन्दर की आवाज सुनो, और वैसा ही करो! क्या फायदा अन्दर के ज्ञान का, जो बाहरी संसार में उसके मुताबिक चल ही न सको...उस भक्ति का क्या फायदा जो कारज न बन सके! राजनीति हमारी सामाजिकता की साँस है! भक्ति यदि कारज से भाग निकलने का रास्ता बन जाए, फिर क्या फायदा उसका?

शरणा-4 : आप तो हमें भगोड़ा बता रहे हो।

कक्कय्या : आधी रात हो गई है, कब तक तर्क करोगे? क्या लाभ?... आप क्या करना चाहते हो, आप बता दो। हममें से हर कोई अपना फैसला आप ही कर लेगा।

बसवण्णा : मैं सबेरे ब्रह्मबेला में, प्रार्थना के बाद सीधा राजमहल जाऊँगा।

कक्कय्या : *(भीड़ से)* सुन लिया आप लोगों ने?...अच्छा तो हम लोग सभा-विसर्जन करें! शरणाम्...शरणाम्...!

बसवण्णा : शरणाम्...।

[सारे लोग आवेश में बहस करते हैं। बसवण्णा उन्हें विदा करते हैं। लौटकर बैठते हैं। गहरी खामोशी में डूब जाते हैं।]

: मैं पुकारता हूँ हे शिव...सिरजनहारे...सिरजनहारे...मेरी वाणी रोती है...हे शिव...सिरजनहारे...सिरजनहारे...! क्या कभी उत्तर न दोगे तुम? मैं बार-बार पुकार रहा हूँ तुमको! क्या तुम्हें सदा ही मौन बने रहता है?... ओ संगम नदियों के महादेव, कब तक मौन रहोगे तुम...?

[अन्दर से एक बालक के रोने की आवाज आती है। बसवण्णा अन्दर जाते हैं। बालक को उठाकर लाते हैं। उसके साथ बैठकर खेलते हैं। गंगा भी भीड़ को विदा करके वापस आ गई है। उनके पास बैठती है।]

: इसे देखो...हमारे शरीरों से खिला फूल...भगवान शिव का वरदान...और मेरे पास इतना समय भी नहीं...कि मैं अपनी हथेली से इसका मुँह पोंछ सकूँ!

गंगा : हम नगर के बीचोबीच घर बनाने में ही मगन हो गए हैं। हम तो यहाँ...हाट-बाजार भर को आए थे, यह भी भूल गए हम...!

बसवण्णा : हाँ, गंगी, मुझे भी यही लगने लगा है! नगर के कोलाहल में शिव का स्वरूप डूबता-सा लगता है। मैं कहीं एकान्त में जाना चाहता हूँ। समुदायों की भीड़-भाड़ से दूर कुछ डग घूम सकूँ फिर से।

गंगा : कल क्या करेंगे आप?

बसवण्णा : कल सवेरे वे मेरे साथ आएँ या नहीं आएँ, इतना जानता हूँ कि इस घर में मेरी यह अन्तिम रात है।

[एकाएक गंगा की आँखों से आँसू ढुलकने लगते हैं।]

गंगा : सम्भवतः यही ठीक है।

बसवण्णा : कोई अपनी कुटिया को छोड़ चले जब...फिर महलों का क्या अहसान...कल सारा कर्ज चुका दूँगा ? राजमहल के परली ओर से सपाट धरती मुझे पुकार रही है। इस धरती को घड़नेवाला शरणा है। ढले हुए रूपों को पिघलाकर जो फिर से धरती में मिलाता है, वो शरणा है। रूप-अरूप दोनों मिल जाते हैं...ओ संगम नदियों के महादेव...! में शरणा हूँ...तू भी शरणा है।

दृश्य : तीन

[रात का समय। जगदेव, मल्ली, कल्लय्या सब उन्नीस-बीस के नौजवान। हथियारों से लैस।]

जगदेव : अब हम लहू में लहू मिलाएँ।

[वह अपनी कलाई पर चीरा लगाता है। बाकी युवक भी ऐसा ही करते हैं। वे लहू से लहू मिलाते हैं। घाव से घाव मिलाते हैं।]

: देखो, अब हम सबका लहू साथ बहता है। हम सब एक हैं।...ॐ नमः शिवाय!

[वे सब परस्पर अभिवादन करते हैं।]

: ये बूढ़े अभी तक बहस कर रहे हैं। इनकी चिल्ल-पों से बसवण्णा का छप्पर उड़ जाएगा। और कुछ नहीं होना इनके बूते...आज से हम जिम्मा लेते हैं। हम शिव

के विरोधियों का नाश करेंगे। अच्छी बात है...अपनी-अपनी सूचनाएँ दो। मल्ली, पहले तुम...

मल्ली : केवल पाँच मुद्राएँ देनी होंगी। राजमहल का रखवाला, राचप्पा हमें सारे खुफिया रास्ते दिखाने को तैयार है।

जगदेव : कौन से खुफिया रास्ते?

मल्ली : महल में घुसने के।

दूसरे लोग : सचमुच? तुम्हें पक्का पता है?

[जगदेव उन्हें हाथों के इशारे से चुप कराता है।]

जगदेव : मैं दिखाऊँगा तुम लोगों को वो रास्ते।

मल्ली : तुम कैसे जानते हो वो रास्ते?

जगदेव : छुटपन में...मैं अपने पिताजी के साथ राजमहल जाता ही रहता था। हम वहाँ चोरी-छिपा खेला करते थे। यह सोविदेव भी तो खेला करता था वहाँ।

मल्ली : वे सुरंगें तो सिर्फ महल से बाहर भागने के काम आती हैं...कोई हमला कर दे, तो! वो तो बड़ी ही गुप्त होंगी...और तुम कहते हो कि तुम उनमें खेला करते थे?

जगदेव : किसी राजघराने को इन सुरंगों की जरूरत नहीं पड़ी। दुश्मन के पहुँचने से बहुत पहले ही वे भाग लेते थे! उन बहादुरों को खुफिया सुरंगों की जरूरत ही क्या थी?

[सब हँसते हैं। केवल कल्लय्या गम्भीर है।]

कल्लय्या : इसका मतलब, तुम्हें पहले से ही मालूम था कि हम राजमहल में कैसे घुस सकते हैं? बताया क्यों नहीं?

जगदेव : अब बता रहा हूँ, देखो...मैं तुम्हारे आगे-आगे रहूँगा। ठीक?

कल्लय्या : हम सारे यहाँ सिर फोड़ रहे थे आपस में कि महल के अन्दर जाया कैसे जाए...और तुम मगन बैठे रहे...अपने

हाथ में चाबी लिये...इसी से तुम ब्राह्मण हो। तुम्हें अपनी जात जरूर दिखानी है!

जगदेव : कल्लय्या, जीभ को लगाम दो, मेरी जात की बात नहीं करना!

मल्ली : बस भी करो अब, झगड़ो नहीं।

[गुंडण्णा आता है।]

गुंडण्णा : जग्गो, तुम्हारी घरवाली बाहर खड़ी है। उसे समझा लो पहले।

जगदेव : फिर वही, उससे कहो चली जाए। उसे समझा दो—हमने प्रतिज्ञा की है कि जब तक हम अपना वचन पूरा नहीं कर लेते, किसी स्त्री का मुँह नहीं देखेंगे।

गुंडण्णा : पिछले दो दिनों में वो चार बार आई है।

जगदेव : तो क्या हुआ? मैं नहीं आ सकता बाहर...कहो वो जाए।

गुंडण्णा : मैं नहीं...मुझसे नहीं होता ये। उसका चेहरा देखकर मेरा मन कच्चा होता है। उसने बताया, तुम्हारी मैया ने खाट पकड़ ली है। तुम्हारे पड़ोसी झाँकने को तैयार नहीं हैं। बच्ची कल से चक्कर लगा रही है। हर बार वो आती है और बाहर अनाथ-सी बैठकर चली जाती है।

जगदेव : अब बहुत हो गया, तुम टसुए न बहाने लगना। बैठी रहे वो, कब तक बैठेगी...उसे अपनी सास की देखभाल करनी है। जाएगी ही जाएगी। मैं क्या यहाँ खेल कर रहा हूँ। इतना नहीं समझते वो कि मैंने धर्म का बीड़ा उठाया है। तुम सारे के सारे मेरी ओर ऐसे ताक क्या रहे हो...क्या गुनाह किया है मैंने?

[वह बोल नहीं पाता। सारे लोग उसकी ओर देखने से कतराते हैं।]

दृश्य : चार

[रानी का महल। रम्भावती बीमार है। ईरव्वा शिव की पूजा कर रही है। बिज्जल कक्ष में बेचैनी से चहलकदमी कर रहा है। कोने में खिड़की के पास मरियप्पा बैठा है।]

रम्भा : बहुत हो गया...ये घूमना बन्द भी कीजिए। कोई और होता तो घुटने रह जाते अब तक।

बिज्जल : तुम्हें क्या...तुम सो जाओ...!

रम्भा : ये पशुओं की तरह अरकराने से क्या मिल जाएगा आपको, इससे क्या हमारी सन्तान सुधर जाएगी, इससे क्या बसवण्णा आ जाएँगे?

बिज्जल : *(चौंकते हुए)* बसवण्णा! ...बसवण्णा से तुम्हारा क्या मतलब? क्या बात है?

रम्भा : आपके यूँ चलते रहने से, वो यहाँ नहीं आ जाएँगे।

बिज्जल : *(क्रोध से)* किसे दरकार है उसकी यहाँ? तुम्हारा सिर फिर गया है। ...मैंने तुम्हें बताया नहीं था कि मैं खुद उसे मना कर चुका हूँ। फटकार चुका हूँ उसको, उसे यहाँ क्यों आना है? कुछ भी नहीं बचा है उसके और मेरे बीच! मैं तो उसके बारे में सोच भी नहीं रहा था। समझ गईं?

रम्भा : झूठ मत बोलिए, मुझसे तो नहीं। मैं पच्चीस वर्षों से आपके साथ हूँ, जानती हूँ...आपको ध्यान से देख रही हूँ। मुझे मालूम है, आपके सिर में उसका नाम बवंडर की तरह चक्कर काट रहा है।

बिज्जल : मैं कहता हूँ चुप करो, खबरदार...*(खामोश हो जाता है)*...अच्छी बात है, मान लिया कि तुम सही हो...मैं उसे याद करता हूँ, क्यों नहीं करूँ याद? मैंने सदा उसके आन्दोलन का साथ दिया—अब वो मेरा साथ दे सकता था। वे सब यहाँ आ जाते—राजमहल के सामने।

इतने-भर से मेरा यह सपोलिया रेंगने लग जाता।...लेकिन नहीं—बसवण्णा नहीं आएगा...क्योंकि मैंने उसे मना जो किया है! और उसके चेले...घमंडी हैं और सनकी हैं। बसवण्णा किसी से यह तो कहने से रहा कि ऐसा करो, वैसा करो! ...क्योंकि वो इस तरह का है ही नहीं। वैसे मैं जान चुका हूँ कि किसी के भी बारे में कुछ भी पक्का नहीं कहा जा सकता।

[चक्कर लगाने लगता है।]

रम्भा : क्यों मकड़जाला बुनते हैं? आइए, मेरे पास बैठिए।

बिज्जल : मेरी ही गलती है, मैं बसवण्णा पर अपना गुबार निकालने में लगा रहा...देखा ही नहीं...मेरे पाँवों तले क्या चल रहा है?...मेरी गलती है...मेरी ही गलती है...किसी और का इसमें क्या दोष?

[रम्भा के पास बैठता है। बाहर शोर। महल के कर्मचारी भागते-दौड़ते दीखते हैं। मरियप्पा, जो खिड़की के पास बैठा है, एक स्त्री से वहीं से पूछता है।]

मरियप्पा : क्या बात है गुलव्वा?

गुलव्वा : वो कहते हैं बसवण्णा आ रहे हैं। बसवण्णा के साथ शरणा लोग भी हैं।

बिज्जल : बसवण्णा! वो आ रहा है? नहीं, ये नहीं हो सकता! *(उछलकर खड़ा हो जाता है)* मैंने कहा नहीं था, वो आएगा!...उससे पूछो—उसके साथ कितने शरणा हैं?

मरियप्पा : कितने शरणा हैं...गुलव्वा...

[गुलव्वा भाग जाती है।]

बिज्जल : *(आवेश में)* अपने घर से आ रहा है वो!...इसका

मतलब पूरब से! तो फिर मन्दिर के झरोखे से देख सकते हैं!

[ईरव्वा की तरफ दौड़कर जाता है, जो पूजा कर रही है।]

: हो गई पूजा पूरी, चलो, बाहर चलो।

रम्भा : हे भगवान, करते क्या हो? इसे पूजा तो कर लेने दो।

बिज्जल : बाद में...बाद में! मुझे काम है अभी! बस बाहर जाओ तुम!

[ईरव्वा बाहर जाती है।]

: हाँ मरियप्पा, चलो ऊपर चढ़ो तो झरोखे तक।

[मरियप्पा बेमन से शिवाले के बाहर खड़ा है।]

: अरे बाहर मत खड़ा रह...आजा–आजा। अन्दर आजा... कोई नहीं जानेगा!

[मरियप्पा बेमन से अन्दर आता है।]

मरियप्पा : लेकिन महाराज! मैं ऊपर कैसे चढ़ूँ? सीढ़ी नहीं है...और रस्सी वो ले गए!

बिज्जल : उनसे बोलो कि वे खिड़की के रास्ते सीढ़ी देंगे।...अच्छा रुको...इधर आओ...मेरे कन्धों पर चढ़ो!

मरियप्पा : *(डरा हुआ)* आपके कन्धों पर महाराज! ये मुझसे नहीं होगा।

बिज्जल : मुझे ना कहता है...पतुरिया के छोरे! मैं बिज्जल हूँ। मरा नहीं अभी! फिर एक बार भी ना करी तो गर्दन मरोड़कर धर दूँगा! अरे बसवण्णा आ रहे हैं इधर, और तुझे मजाक सूझ रहा है?...चल–चल...आ जा–आ जा!

[बिज्जल झुकता है। मरियप्पा उसके कन्धों पर चढ़ता है। बिज्जल उसे रोशनदान तक ऊपर उठाता है।]

: बता क्या देख रहा है तू ?

मरियप्पा : खिड़की अभी और ऊँची है महाराज!

बिज्जल : खड़ा हो जा फिर! अरे मैं गिराऊँगा नहीं! *(हँसता है)* अरे, आखिर मैं राजा हूँ...तुम्हें गिरा थोड़े सकता हूँ।

[मरियप्पा बिज्जल के कन्धों पर दीवार का सहारा लेकर खड़ा होता है।]

: बसवण्णा पहुँच गया है रम्भावती! अब दिखाता हूँ तुम्हारे इस पिल्ले को मैं...

रम्भा : उसने बुरा किया है...लेकिन अब इसको लेकर उसके विरुद्ध...

बिज्जल : पहले मुझे उसकी लात वापस करनी है। बाकी बातें बाद में... *(मरियप्पा से)* अरे, तू कुछ बोलता क्यों नहीं ?...कुछ दिखाई दिया ?

मरियप्पा : हाँ महाराज...लेकिन बहुत दूर हैं वे लोग।

बिज्जल : तुझे जो दीखता है...बताता चल! बता कितने हैं ?

मरियप्पा : महाराज, बहुत सारे!

बिज्जल : *(गरजकर)* बहुत से, बहुत सारे...अबे, कितने सारे... अच्छा बता, कौन-कौन-सी गलियाँ भर गईं ?

मरियप्पा : रावण सिद्धेश्वर मन्दिर के चारों ओर, गेरुआ ही गेरुआ है महाराज...सब कहीं गेरुआ... !

बिज्जल : बहुत अच्छे, देखता रह...सिद्धेश्वर मन्दिर से परे धोबियों का मोहल्ला है और उसके परे बढ़इयों का...उसके इधर की तरफ...पुरानी तैसीलदारी...दीख रहा है सब ?

मरियप्पा : हाँ महाराज!

बिज्जल : तो ये सारे मोहल्ले शरणों से भरे होने चाहिए। गेरुए रंग

का समन्दर होना चाहिए! पचास हजार भी हों...तो ये सारी जगह ठसाठस भर जाएँगी!

मरियप्पा : नहीं महाराज!

बिज्जल : *(गुस्से से)* नहीं महाराज से क्या मतलब?

मरियप्पा : महाराज, सारी छतों पर लोगों की भीड़ है...नागरिकों की। शरणा लोग भी बहुत तो हैं, लेकिन रावण सिद्धेश्वर मन्दिर के चारों ओर ही हैं। थोड़े-बहुत धोबी-बाड़े में भी हैं। बढ़ई-बाड़े में तो कोई नहीं दीखता महाराज!

बिज्जल : इसका मतलब, उनका जलूस पुरानी तैसीलदारी के उरली तरफ से गुजरा होगा।

मरियप्पा : नहीं महाराज, इधर भी कोई नहीं है।

बिज्जल : तेरी आँखें फूट गई हैं? ठीक से देख!

[दरवाजा खुलता है। दामोदर भट्ट का प्रवेश। वह सीधे मन्दिर में आता है। चेहरे पर मुस्कान।]

दामोदर : मरियप्पा! कुत्ते के पिल्ले! नहीं मालूम मन्दिर के भीतर घुसना तुझे मना है। सिर फिर गया है तेरा? निकल बाहर, नहीं तो कोड़े लगेंगे।

[मरियप्पा कन्धे से नीचे उतरता है।]

बिज्जल : *(अपने आपको सँभालते हुए)* मैंने...मैंने आदेश दिया था उसको।

दामोदर : महाराज ने मुझे आदेश दिया होता। द्वार खुल जाता। महाराज, आप छत से देखें—साफ दिखाई देगा।

रम्भा : बसवण्णा पहुँच गए हैं क्या?

दामोदर : हाँ महारानी, पहुँचने ही वाले हैं।

बिज्जल : जरूर इसने बसवण्णा को आते देखा होगा। तभी तो ये लोमड़ फिर से हमारी तरफ घूमने लगा है।

[बिज्जल तेजी से बाहर जाता है। राज-कर्मचारी, जो वहाँ देखने को भीड़ लगाए हुए थे, उसे झुककर

अभिवादन करते हैं। बिज्जल छत के कंगूरे से बाहर देखता है। चेहरे की उत्सुकता धीरे-धीरे गायब हो जाती है। वह स्तब्ध खड़ा रह जाता है। चेहरे पर अविश्वास भी है। दामोदर भट्ट धीरे-धीरे बिज्जल के पीछे आकर खड़ा होता है।]

दामोदर : जी हाँ महाराज! बसवण्णा पहुँचने ही वाले हैं। हमें भी चिन्ता थी कि यदि ऐसा हुआ तो क्या करेंगे...युवराज सारी रात सो नहीं पाए। लेकिन महाराज देख ही रहे हैं...बसवण्णा के साथ जितने शरणा आए हैं, उनकी गिनती हमारे मुनीम ने बड़ी सावधानी से की है...कुल सात सौ सत्तर!

[बसवण्णा राजमहल के आगे के आँगन में आते हैं। पीछे-पीछे उनके शरणा हैं। बिज्जल और बसवण्णा आमने-सामने एक-दूसरे को देखते चुपचाप खड़े रह जाते हैं। सारे लोग बिलकुल चुपचाप, स्तब्ध खड़े देख रहे हैं।]

बिज्जल : तो तुम आ गए? अच्छा किया...आओ! लेकिन एक-दूसरे से मिलने का यह कौन-सा तरीका है?

बसवण्णा : मुझे आना ही था...और मैं आ गया। और भी जो मेरे साथ आना चाहते थे, आ चुके हैं।

बिज्जल : मैंने कहा नहीं था कि तुम आओ...तुमने भी नहीं कहा था कि तुम आओगे...पर तुम आ गए, तुमने धोखा नहीं दिया।

बसवण्णा : आप कैसे हैं महाराज?

बिज्जल : मुझे क्या हुआ है? मैं बिलकुल ठीक हूँ...मस्त भैंसे-सा, माँ काली के लिए तैयार...

बसवण्णा : महारानी कैसी हैं?

बिज्जल : वे ठीक नहीं हैं। थोड़ा ज्वर है, और फिर वही पुराना

रोग—यह जो मौसम में एकाएक बदलाव आया है, सो।

[खामोशी।]

बिज्जल : तुम जाओ।

[बसवण्णा स्थिर है।]

: जाओ बसवण्णा! तुम्हारे यहाँ रहने से अब कुछ नहीं सधेगा।

बसवण्णा : ठीक है, मैं जा रहा हूँ...हम लोग फिर कब मिलेंगे, कौन जाने? मैं जा रहा हूँ...ईश्वर के आशीर्वाद को...अपनी इच्छाओं और अपने लालच के लिए तोड़ने-मरोड़ने की कोशिश गलत है। उसकी इच्छा ही हमारा जीवन है। उसे पीड़ा देने दो, हमारी ओर उसका ध्यान तो है...यही हमारी विजय है—समझो।

बिज्जल : तुम्हारे साथ यही बड़ी मुश्किल है। मैं समझ ही नहीं पाया कि तुम्हारा मतलब क्या है? तुम इस बात को सीधे ढंग से नहीं बता सकते? अब तो सीधी बात करो।

बसवण्णा : *(मुस्कराकर)* करता हूँ महाराज...कुछ भी हो जाए, भगवान शिव पर भरोसा रखो।

बिज्जल : *(खामोशी से सोचता हुआ)* नहीं, यह बहुत कठिन है...मुझसे नहीं होगा।

बसवण्णा : यह सम्भव है महाराज! यदि आप में आस्था हो।

[बिज्जल सिर हिलाता है।]

बिज्जल : तुम्हें याद है...? जो भागता है, योद्धा नहीं। जो माँगता है, वो भक्त नहीं। योद्धा को भागना नहीं चाहिए। भक्त को माँगना नहीं चाहिए। ...ओ संगम नदियों के महादेव! मैं भागूँगा नहीं...मैं माँगूँगा नहीं...मुझे ठीक याद है न?

बसवण्णा : उसमें आस्था रखो—मैं कप्पड़ी संगम जा रहा हूँ उसी आस्था की खोज में, जहाँ नदियाँ मिलती हैं। शरणौ शरणा महाराज!

[बिज्जल स्वीकार में सिर हिलाता है। बसवण्णा और उसके साथी जाते हैं। बिज्जल रम्भावती के कक्ष में लौट आता है। अन्दर से कपाट बन्द कर लेता है। एकाएक जोरों से हँसने लगता है।]

बिज्जल : बसवण्णा आ गया रम्भा! मैं फिर से महाराज बनूँगा और तुम महारानी! डेढ़ लाख शरणा चले आ रहे हैं। वे अभी पहुँचे तो नहीं, लेकिन पहुँचने ही वाले हैं! हमारे बेटे को अपनी भूल समझ में आ गई है, वो हथियार डालने को तैयार है! बस वो आने ही वाला है! देखना तुम! *(रम्भावती के पास बैठता है)* ...चिन्ता नहीं करते महारानी! सब कुछ फिर से ठीक हो जाएगा!

[रम्भावती पर कोई प्रतिक्रिया नहीं होती। बिज्जल दीवार से टेक लगाकर अपनी आँखें बन्द कर लेता है। दूर से भजन के स्वर सुनाई देते हैं, जो बसवण्णा और उसके साथी कल्याण छोड़ते हुए गाते जा रहे हैं।]

दृश्य : पाँच

[राजमहल का दूसरा भाग। सोविदेव, मनचण्ण क्रमित और दामोदर भट्ट बातें कर रहे हैं।]

दामोदर : बसवण्णा के बुलावे पर शरणा नहीं आए...हाथ पर हाथ धरे विमूढ़ बैठे हैं, अपने बनाए शून्य में खोए हुए। आनन्द आ गया। किन्तु महाराज, हमें निश्चिन्त नहीं

बैठना चाहिए। हमने यह दिखा दिया कि हम शरणों के समर्थक नहीं हैं, पर हम सनातन धर्म के समर्थक हैं, यह भी तो दिखाना होगा।

सोविदेव : हमें करना क्या होगा?

दामोदर : इस विवाह के सभी भागीदारों को बन्दी बना लें। इनके अगुओं को खदेड़ दें।

मनचण्ण क्रमित : *(शान्ति से)* उससे क्या लाभ होगा! बसवण्णा चले गए, लेकिन उनकी व्यवस्था चल रही है। शरणों के खजाने में धन बरस रहा है।

सोविदेव : मैं जानता हूँ, लेकिन ये होता कैसे है?

मनचण्ण क्रमित : स्पष्ट है महाराज, उस अन्तर्जातीय विवाह ने कल्याण के एक-एक नागरिक को हिलाकर रख दिया है। अब वह सोचता है, वह दिन दूर नहीं जब कोई भी अछूत, हरिजन उठकर, उसकी बेटी का हाथ माँग लेगा। दुःस्वप्न है यह, दुःस्वप्न। इसलिए कल्याण के नागरिक ने तुम्हारे पिता के विरुद्ध हमारा साथ तो दिया, किन्तु उसने उन शरणाओं से अपना सम्बन्ध तोड़ा नहीं, जिन्होंने यह पाप किया था। क्यों? क्योंकि, उसे अपने व्यावसायिक लाभ के लिए उनकी आवश्यकता है। यह धन-लाभ का सम्बन्ध है महाराज, व्यापार के गणित पर टिका है, इस सम्बन्ध को तोड़े बिना धर्म का उत्थान नहीं हो सकता।

सोविदेव : आप क्या सलाह देते हैं?

मनचण्ण क्रमित : महाराज, बौद्धों का पातक रोकने के लिए, काश्मीर के सम्राट मिहिरबल ने सोलह सौ बौद्ध विहारों को नष्ट कर दिया था। आप स्वयं जानते हैं, हमारे पड़ोसी तमिल सम्राट पंडेया ने आठ हजार जैन मुनियों को कुचलवा दिया था। फिर हम किस सोच-विचार में हैं? इतनी कायरता हममें क्यों?

दामोदर : इतनी अतिहिंसा से तो प्रजा के सभी लोग डर जाएँगे

महाराज! प्रजा को यह भी तो दिखाना है कि नए महाराज उदार और दयालु भी हैं।

मनचण्ण क्रमित : प्रजा को क्या अधिकार है कि वो इस बारे में सोचे और विचार करे। श्रुतियों, स्मृतियों, नीतियों, नियमों, पवित्र पुराणों की व्याख्या करना केवल हमारा काम है, और यह काम हम करते हैं। क्षेत्र के अनुसार, कुल–परिवार के अनुसार, वर्ण और जाति के अनुसार। राजा का काम है हमारी दी हुई व्याख्या को व्यवहार में लाए। और क्या चाहिए उन्हें? कुछ भी हो, राजा प्रत्यक्ष देवता है।

सोविदेव : वाह! कमाल है, कमाल! आप ठीक कहते हैं। उन्होंने उस दिन खजाने पर जो मेरी बेइज्जती की थी उसका बदला अब मैं ले सकता हूँ क्योंकि अब मैं राजा हूँ।

दामोदर : किन्तु, महाराज!

सोविदेव : फैसला हो चुका है राजपुरोहित, अब यह काम पूरा करके हम ससुराल जाएँगे, हमने अपनी प्यारी रानी का चेहरा अर्से से नहीं देखा, हालाँकि खासी कुतिया है वो, खैर! *(दामोदर भट्ट से)* और आप हमारे साथ चलेंगे।

दामोदर : राजधानी में भी तो किसी को रहना होगा, महाराज! मेरा सुझाव है, मैं यहीं रह जाऊँ।

मनचण्ण क्रमित : हम हैं न उसके लिए। महाराज बिज्जल भी अपनी अनुपस्थिति में राजधानी मुझे सौंप गए थे। *(दामोदर भट्ट से)* सच तो ये है कि महाराज के साथ भी तो किसी को होना चाहिए, जो उनका मनोरंजन कर सके, जब वे अपने श्वसुर के घर में हों। वहाँ किसी को पूजा–पाठ भी तो करना होगा, इसलिए...।

[दामोदर भट्ट की भंगिमा में क्रोध है, किन्तु मनचण्ण क्रमित की कुटिल मुस्कराहट देखकर वह चुप रह जाता है।]

सोविदेव : तो अब हम चलें?

[सभी जाते हैं, दूर से नक्कारों की आवाज सुनाई देती है, जो अगले दृश्य से जोड़ती है।]

दृश्य : छह

[जगदेव, मल्ली, कल्लय्या रणकौशल का अभ्यास कर रहे हैं। गुंडण्णा दौड़ता हुआ आता है। धरती पर लोट-पोट होने लगता है।]

गुंडण्णा : हे भगवान...हे भगवान...कल्लय्या...मल्ली...मैं नहीं सह सकता...रे बाप...रे माँ... !

कल्लय्या : *(उसे थामकर)* हुआ क्या है गुंडण्णा, क्या हुआ है? इस तरह चीत्कार क्यों कर रहे हो?

गुंडण्णा : कैसे बताऊँ मैं...माँ...मेरी मैया...मर जाऊँ रे बाप...कैसे बर्दाश्त करूँ?...हरलय्या...मधुबरस... !

[नाम ले-लेकर अपना सर धरती पर पटकता है।]

मल्ली : धीरज धरो गुंडण्णा!...क्या बक रहे हो?...क्या हुआ हरलय्या को?

गुंडण्णा : रे कैसे बताऊँ मैं? बोली निकले तब ना! ...अभी-अभी राजा के सैनिक गए हरलय्या के घर, पकड़कर ले गए उसे नगर के चौराहे पर...मधुबरस को भी पकड़ लाए थे वहीं...वहीं, सब लोगों के सामने, दोनों जनों की आँखें निकाल लीं!

[उपस्थित लोगों में आतंक फैल जाता है।]

: हाँ...आँखें निकाल लीं...चीमटे से...और फिर हाथी के पैर से बाँधकर पूरे नगर में घसीटा उनको...मैया रे...कैसे कहूँ...गली-गली में उनके अंग-अंग कटते गए...हाड़-मांस...चिल्ला-चिल्लाकर मर गए वो दोनों!

जगदेव : और, किसी ने रोका नहीं? शरणाओं ने...!

गुंडण्णा : नहीं, वे देखते रहे। घर के भीतर से...वो देखते रहे... खिड़की से...! हमको कँपकँपी लग रही है!

कल्लय्या : शिव-शिव-शिव-शिव...!

गुंडण्णा : अब वे गाँव के मुहाने पर उनकी लाशों को सूली पर टाँग रहे हैं।

जगदेव : थुड़ी है हम पर, थुड़ी है...थू...थूक गए हमारी मर्दानगी पर...कायर हैं हम सब...दस बार कायर हैं! चूड़ी पहनो, नाचो हिजड़ों के जैसे!

कल्लय्या : मैंने कहा था न, पहले ही कुछ करना चाहिए था!

जगदेव : कहा तुमने? हमेशा मैं कहता था तुमसे कल्लय्या और मैं जो कुछ भी कहता था, उसमें तुम मीन-मेख निकालते रहते थे...ये ऐसे नहीं, वैसे नहीं...ये क्यों, वो क्यों!

कल्लय्या : खबरदार जगदेव! आगे एक लफज बोला तो ठीक नहीं होगा!

मल्ली : बस करो जगुआ, तुम भी कल्लय्या चुप करो! घर के लोग कहाँ हैं ललिताम्बा?

जगदेव : *(गुंडण्णा से)* ललिताम्बा गई है कलावती और शील के साथ, उनका घर ठीक करने!

गुंडण्णा : मैं शील की माँ के बारे में क्या बताऊँ? उनके घरवाले की लाश पोटली-सी बँधी पड़ी थी...उन्होंने ये देखा और दहाड़ें मार-मारकर चीखीं...नगर की गलियों से चीखती हुई भागती चली गईं...जाने कहाँ, किस तालाब, किस कुएँ में...कहाँ गईं...कौन कहेगा!

जगदेव : हम यहाँ इस तरह बैठे नहीं रह सकते। चलो, राजमहल चलें जल्दी...सुवीया वहाँ छुपा होगा...हमें बिजली की तेजी से उस पर झपटना चाहिए...वह हमसे बेखबर होगा...उसे नहीं मालूम, हम महल की सुरंगें जानते हैं। ...हम उसे घेर लेंगे!

मल्ली : किस रस्ते चलें?

गुंडण्णा : कोई फर्क नहीं पड़ेगा, किधर से भी जाओ...मसान-सा सन्नाटा है सब तरफ!

जगदेव : और भी अच्छा है...चलो।

[वे जाते हैं।]

दृश्य : सात

[राजमहल का भीतरी भाग। बाहर कोलाहल। जगदेव, मल्ली बोम्म, कल्लय्या, राचप्पा और राजमहल के पहरेदार दौड़ते हुए अन्दर आते हैं।]

राचप्पा : जगन्ना, आपको झूठी खबर मिली है। राजमहल के भीतर कोई नहीं है। सोविदेव दामोदर भट्ट के साथ भाग गए हैं।

मल्ली : राजमहल खाली है? तुमने हमें बताया क्यों नहीं?

राचप्पा : मैंने मुड्डू के हाथ खबर भिजवाई थी! मैं बाहर तुम्हारी बाट देख रहा था। मुझे नहीं मालूम था, आप लोग अन्दर आ जाएँगे मुझे बताए बिना!

कल्लय्या : वो मुड्डा गया है शायद अपनी पतुरिया के कोठे पर।

जगदेव : दुनिया हँसेगी हमारे ऊपर...चले थे हम क्रान्ति करने के लिए...क्या पल्ले पड़ा हमारे?...गू...!

मल्ली : चलो, इस बारे में सोचने से क्या फायदा? यहाँ रुकने में खतरा है। बाहर चलो।

जगदेव : और बाहर जाकर सबके सामने हाथों में चूड़ियाँ डाल लें?

मल्ली : तो यहाँ क्या करना है? बता रहा है वो...महल खाली कर चुके हैं वे!

राचप्पा : केवल वो...पागल है वहाँ!

कल्लय्या : कौन-सा पागल?

राचप्पा : पुराना राजा!

मल्ली : पुराना राजा?

जगदेव : बिज्जल?

राचप्पा : हाँ, लोग कहते हैं, जब से रानी मरी वो पागल हो गया है। उसने महल छोड़ने से मना कर दिया था।

कल्लय्या : किधर है वो?

राचप्पा : रानी के कमरे से बाहर निकलता ही नहीं।

कलप्पा : वहाँ कोई सैनिक है?

राचप्पा : भाग गए सब अपने स्वामियों के पीछे-पीछे! और फिर इस मार-धाड़ में बुड्ढा जाता भी कहाँ!

जगदेव : राचप्पा, हमें उसके पास ले चलो...जहाँ भी हो।

[सब जाते हैं।]

दृश्य : आठ

[रानी रम्भावती का कक्ष। पहले अंक के दूसरे दृश्य जैसा। एक कोने में मरियप्पा ऊँघ रहा है। बिज्जल शिवाले के अन्दर एक कोने में पसरा हुआ है। जगदेव और साथी अपनी तलवारें खींचे हुए अन्दर आते हैं। मरियप्पा जाग जाता है। चीखता हुआ एक तरफ को भाग जाता है।]

बिज्जल : कौन है?

जगदेव : *(शिवाले के द्वार पर आता हुआ)* महाराज की जय हो!

बिज्जल : कौन है, जो मुझे महाराज कह रहा है?

जगदेव : महाराज, हम लोग आपके दर्शन करने आए हैं।

बिज्जल : अन्दर आ जाओ।...

[जगदेव सभी को शिवाले में अन्दर आने का संकेत करता है। मल्ली जगदेव को रोकता है।]

मल्ली : *(तलवार की ओर संकेत करके, सिर के इशारे से मना करते हुए)*...ये शिव का मन्दिर है।

जगदेव : *(बिज्जल से)* महाराज, हम बहुत दूर से आए हैं...हमारे पाँव कीच से सने हैं। हम मन्दिर को दूषित नहीं करना चाहते।

बिज्जल : यहाँ भगवान की पूजा जाने कितने दिनों से नहीं हुई! यह भी याद नहीं कि कब इस स्थान की धुलाई हुई थी?...क्या फर्क पड़ता है?

जगदेव : किन्तु महाराज?

बिज्जल : यह अँधेरा कोना बहुत शीतल है। मैं यहाँ से हिलना नहीं चाहता। तुम्हें कुछ कहना हो तो कहो, नहीं तो जाओ!

जगदेव : *(एकाएक)* हम लोग कप्पड़ी संगम से आए हैं महाराज!

बिज्जल : *(उठता है)* कप्पड़ी संगम से?

जगदेव : हाँ महाराज!...बसवण्णा के यहाँ से।

बिज्जल : बसवण्णा?... उन्होंने भेजा है तुम्हें? रुको, क्या कहा है?

[बिज्जल बाहर आता है। मल्ली जगदेव की तरफ देखता है। वह चुपचाप उससे इशारे से पूछता है कि उसका आशय क्या है? जगदेव उसे हाथ के इशारे से रोकता है। वह आक्रमण के लिए तैयार होता है, और दूसरों को भी ऐसा करने का इशारा करता है।]

बिज्जल : *(उत्सुकतापूर्वक बाहर आते हुए)* बसवण्णा ने क्या कहा है?

जगदेव : मारो...रात्त्च, कल्लय्या, हमला...

[वे आक्रमण करते हैं। बिज्जल चौंक उठता है। पीछे को गिर पड़ता है। एकाएक उसे अपनी युद्ध-कला याद आती है। वह जगदेव को

कल्लय्या पर फेंक देता है और शिवालय के अन्दर चला जाता है। मल्ली यह सब स्तब्ध होकर देखता रह जाता है।]

जगदेव : उठो...मल्ली, कल्ली...

[बिज्जल के पीछे शिवालय में जाना चाहता है, पर मल्ली उसे फिर रोक देता है।]

मल्ली : नहीं जगदेव, यह शिव-स्थान है। यहाँ लहू नहीं बहाया जाता।

[जगदेव उसे अनसुना करता है। आगे बढ़ता है। मल्ली उसकी राह रोककर खड़ा हो जाता है।]

: जगदेव, तुम अपने लोगों की सौगन्ध भूल गए?...मैं शिव-द्रोह नहीं सहूँगा, ध्यान रहे।

जगदेव : तो फिर तुम क्या चाहते हो, मैं क्या करूँ?

मल्ली : अन्दर जाना है तो तलवार बाहर छोड़ दो।

जगदेव : *(केवल तलवार रख देता है)* चलो, उसे घसीटकर बाहर लाते हैं।

मल्ली : क्यों, किसलिए? वह तो चमड़े का एक फटा हुआ टुकड़ा है। उससे हमारा क्या बनेगा?

जगदेव : तुम देखते नहीं, हमारे लिए सिर्फ वही बचा है। यदि हम खाली हाथ लौटे तो दुनिया हँसेगी हम पर! इतिहास हमें नालायक और मूर्ख बताएगा। दूसरे क्यों, हमारे अपने भी हमारी हँसी उड़ाएँगे।

मल्ली : सिर्फ इसीलिए तुम उसकी हत्या करना चाहते हो? क्या मतलब है...

जगदेव : तर्क करने लगे मल्ली...बसवण्णा ने मुझे अलम्म प्रभु का स्वप्न बताया था...मुझे...किसी और को नहीं बताया! उसका अर्थ क्या है, यह बसवण्णा ने मुझ पर छोड़ा था। उस समय तुम वहाँ नहीं थे। अब मेरी सुनो...हत्या करो

उसकी—कर्म का अर्थ बाद में तुम सबकी समझ में अपने-आप आ जाएगा! चलो!

[चारों अपनी-अपनी तलवारें अलग रखकर अन्दर जाते हैं। बिज्जल को पकड़कर बाहर घसीटने का जतन करते हैं, लेकिन वह हाथी की तरह मजबूत है। हिलता ही नहीं। फिर एक झटके में सबसे अपने आपको छुड़ा लेता है और शिव-मूर्ति से लिपट जाता है। वे चारों फिर उसे पकड़कर शिव-मूर्ति से अलग करने की कोशिश करते हैं, पर कर नहीं पाते।]

बिज्जल : *(हँसता है)* इसी को कहते हैं...बिज्जल की पकड़! देख लो... *(रोब से)* बहुत हो चुका...पीछे हटो अब।

[चारों उसे जाने देते हैं और पीछे हटते हैं।]

: हर कोई चाहता है 'चमत्कार'...चमत्कार कहाँ है?... तो देखो यह रहा! मेरी रानी मुझसे ईश्वर को नहीं मना पाई। बसवण्णा भी नहीं मना पाए, लेकिन तुम चूहों के कारण मैंने अपने को शिव के शरण कर दिया! क्या हो गया है मुझे! मैं जिधर भी हाथ बढ़ाता हूँ, जहाँ भी घुटने टेकता हूँ—चमत्कार ही चमत्कार! सुनो मेरे बच्चो...कहाँ से आए हो? निश्चय ही तुम मेरे बेटे की तरफ से नहीं आए...उसकी सेवा में बड़े अनुभवी हत्यारे हैं...तुम तो ठीक से तलवार भी उठा नहीं सकते। मैं तुममें से एक-एक को चूहे की तरह मार सकता हूँ। लेकिन बहुत कर चुका मैं यह सब...बताओ मुझे तुम कौन हो? कहाँ से आए हो?

मल्ली : हम लोग शरणा हैं, महाराज!

बिज्जल : समझा! तो सचमुच बसवण्णा ने भेजा है तुम्हें?

जगदेव : हाँ महाराज!

मल्ली : नहीं महाराज! हम अपने-आप आए हैं।

बिज्जल : बस, यूँ ही! मुझे मारने? बहुत अच्छा, लो मार डालो मुझे। मैं यह भी नहीं पूछूँगा कि क्यों? तुम लोग मेरा बोझ ही हल्का करोगे। पर एक शर्त है...!

मल्ली : महाराज!

बिज्जल : क्या तुम मेरे अन्तिम शब्द बसवण्णा तक पहुँचा दोगे? यदि तुम वचन दो तो मैं बाहर आ जाऊँगा...तुम्हारे पास! नहीं तो शिव-मूर्ति को थामे रहूँगा। मैं भक्त मार्कंडेय बना दूँगा स्वयं को, तुम यम के दूत बनो।

जगदेव : हम वचन देते हैं महाराज!

बिज्जल : यदि तुमने नहीं किया तो तुम्हें तुम्हारे इष्ट लिंग महादेव का शाप लगेगा...बसवण्णा का शाप लगेगा।

[धीरे-धीरे उठता है। खून बहने से कमजोर हो गया है। मल्ली बोम्म के कन्धे का सहारा लेता है। मल्ली उसे बाहर लेकर आता है।]

: बसवण्णा से कहना...कहना...क्या कहोगे उसकी माँ का...मैं क्या कह रहा था?... इतने दिनों तक वहाँ बैठा-बैठा, मन-ही-मन उसके साथ कितनी बातें करता रहा—खत्म ही नहीं होती थीं...इतना कुछ कहना था—और अब...अरे हाँ...बसवण्णा से कहना—हम सोलह सालों तक एक ही बात करते रहे, लेकिन हम लोग जड़ तक नहीं पहुँचे कभी! बस इतना है कि...शिव-शिव... जीभ की नोंक पर आकर छूट जाता है...रुको...अभी आ जाएगा...

जगदेव : हो गया महाराज?

[बिज्जल उसकी ओर अचरज से देखता है। मल्ली का कन्धा छोड़ जगदेव का कन्धा पकड़ लेता है।]

बिज्जल : क्यों बेटे...क्यों ?...इतना नाराज क्यों है मुझसे तू ?

[जगदेव तलवार घोंपता है। गिरता हुआ बिज्जल उसे पकड़ लेता है।]

: क्यों सोवि ? ...क्यों... ? क्यों इतना गुस्सा मुझ पर ?

जगदेव : मैं सोवि नहीं हूँ...मैं तुम्हारा बेटा नहीं हूँ।

बिज्जल : *(उसे बाँहों में भरता हुआ)* सोवि! मेरा बेटा!

जगदेव : मैं कहता हूँ, छोड़ो मुझे! छोड़ दो! मैं नहीं हूँ तुम्हारा बेटा...छोड़ो!

[बिज्जल को धक्का देकर जमीन पर गिरा देता है। जगदेव दीवार के सहारे टिक जाता है। बेहोश-सा, उसे उबकाइयाँ आ रही हैं। मुँह पर हाथ धरता है। शेष सभी देखते रहते हैं।]

मल्ली : मर गया! अब तो सन्तोष हुआ!

जगदेव : तुम लोग चले जाओ। चले जाओ...मुझे नहीं आना है।

[वे जाते हैं। जगदेव बिज्जल के निष्प्राण शरीर की ओर देखता है।]

: तो यह है...तुम्हारा मन्दिर बसवण्णा! ये दोनों पैर स्तम्भ हैं...यह मस्तक स्वर्ण-कलश है...कितनी आसानी से, जो गतिमान है, जड़ हो जाता है! जरा-से धक्के में...एक साधारण से धक्के से...सारा कुछ जो अस्थिर है, स्थिर हो जाता है! यह शिवालय भी कितना कम्पित है अभी...बस एक चोट लगेगी, लहू का छिड़काव होगा और सदा-सदा के लिए स्थिर हो जाएगा यह।

[जैसे ही वह शिवालय के अन्दर प्रवेश करता है, नांदी पर नजर पड़ती है।]

: तो तुम देख रहे हो बसवण्णा...मेरे पिता मृत्यु के भय से रोया करते थे, लेकिन...मैं डरता हूँ...क्यों ?...शिवद्रोह से भी नहीं डरता मैं ! ...देखो, जो तुम बसवण्णा हो...तो मैं हूँ—एकान्ती सन्त जगन्ना !

[शिव-मूर्ति के सामने बैठता है और अपनी तलवार अपने कलेजे में घोंप लेता है।]

दृश्य : नौ

[कप्पड़ी संगम। बसवण्णा, मल्ली बोम्म, कल्लय्या।]

कल्लय्या : *(रोता हुआ)* जगन्ना ने तुम्हारा नाम लिया, इसीलिए यह सब हुआ। तुम्हारा नाम सुनकर ही महाराज बाहर आए थे।

[मल्ली उसे सान्त्वना देता है।]

बसवण्णा : ठीक है, तुम लोग जाओ अब। भगवान शिव तुम्हारा भला करें !

[कल्लय्या और मल्ली जाते हैं।]

: ...किसका नाम और किसका चेहरा ? किसका घाव... और किसका लहू ? यह तो मेरा ही शव है...और मैं ही राजा का हत्यारा हूँ! ...तो सन्त अलम्मा के स्वप्न-दर्शन की यही अन्तिम कड़ी है...लीला समाप्त हुई... गाजे-बाजे सब बन्द हुए...रोशनियाँ बुझ गईं...राहें सूनी... सारी जगती मौन हुई...ओ संगम नदियों के महादेव ! अब मुझे—गर्भगृह को लीन करो अपनी ज्वाला में...हे पिता...हे आलोकमय...अपने आलोक में आलोक ...अनन्त आलोक... !

3. बिज्जल के स्वर में

देह मेरी बीन बनाओ जी
मस्तक बनाओ तम्बूरा
धमनी के तार सजाओ जी
बाजे अंगूली हाथ मजीरा
पाश में बाँधो जी अंग लगाओ जी
राग बतीसों छेड़ो
मुक्त गगन में नाद उठाओ
महादेव संगम नदियों के—
गाओ जी आओ जी...

[इस गीत की पहली दो पंक्तियाँ सोविदेव को दीक्षा देते समय भी गाई जाती हैं।]

❑❑❑